症状を知ってストレッチで対策

ドクター小山の
ランニング・クリニック

著者　小山 郁

はじめに

INTRODUCTION

2005年10月〜2009年5月まで、『ランニング・スタイル』誌に「Dr.小山のランナー診察室」、後に「ドクター小山のランニング・クリニック」を連載していた関係で、「記事を読みました」と私のクリニックにも、多くのランナーの方が来てくれるようになりました。

診察に来られたランナーの方達と話をしていて、いくつか感じることがあります。

まずは、みなさんすごく真面目だということです。

ランニング日記に、毎日の走行距離と、要した時間を記録していたり…。問診をしていても、

「○月○日の○時○分ころ、○キロ走ろうとしていて、途中、○キロの時点で右膝の外側に痛みを感じたので、1キロ5分のペースから、5分30秒のペースに落としてみたんですが…」

などと返答をされ、その生真面目さに圧倒され、自分のいい加減さが恥ずかしくなります。

そしてもう一つは、「自分の体の声を素直に聞けないで、頑張りすぎる人が多いなあ」

ということでした。

「子供にはリハビリは不要」と、よく言われます。

素直な子供は、ケガをして痛いときには、ワンワン泣いて動こうとしません。

時間の経過で痛みがなくなると、ケロッとして動き始めます。
ところが大人の場合は、いろいろな要素がからんでくるので、話はややこしくなります。
「痛くても我慢しなくちゃ」とか「練習しないとレースに間に合わない」などと、頑張りすぎる人がいます。あるいは、「痛いけど、大丈夫なんだろうか」、「また痛くなりそうだから、走るのが恐い」といった具合に、過度に神経質になる人がいます。

ご自身の体の声を聞きながら、もっと素直に、楽しんで走っていただきたいと、私はいつも思います。

そういった方々が、体のことを理解しようとするきっかけに、また理解する上で、この本が少しでも役に立てたら幸いです。

平成21年1月　小山　郁

小山郁
IKU KOYAMA

日本体育協会認定スポーツドクター。アテネオリンピック柔道チーム・ドクターや講道館ビルクリニック院長なども務めた。自身もスポーツを実践しており、柔道三段、空手二段の有段者。現役スポーツ選手も通うこやまクリニックでは「競技やトレーニングを続けながら治す」をコンセプトに、スポーツ外来に力を入れている。ホームページはhttp://www.koyamaclinic.jp

CONTENTS

ドクター小山のランニング・クリニック

CONTENTS

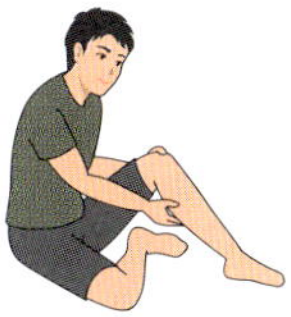

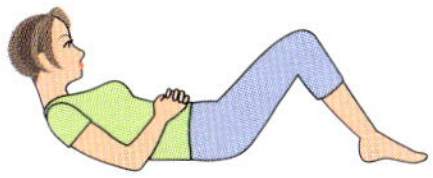

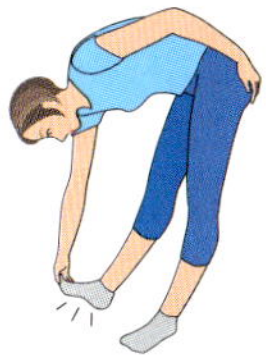

人間の体と筋肉の仕組み

私達の体は、206本の骨と
約500本の筋肉で形成されています。
自らの意思で骨格筋を収縮、弛緩させ
この繰り返しによって骨格を動かすことができるのですが
その機能や仕組みをしっかりと理解した上で
自身の体を使えている人はほとんどいないでしょう。
すべてを知る必要はありませんが、
基本的な構造や役割、

筋肉にも いろいろある!?

人体の筋肉は、内臓や血管壁についている「内臓筋」(平滑筋)、心臓壁を作っている「心筋」、そして手足や胴体など骨に付着し身体の肉付きとなっている「骨格筋」(横紋筋)の3つに大別される。普通、「筋肉」という場合は、「骨格筋」を指す

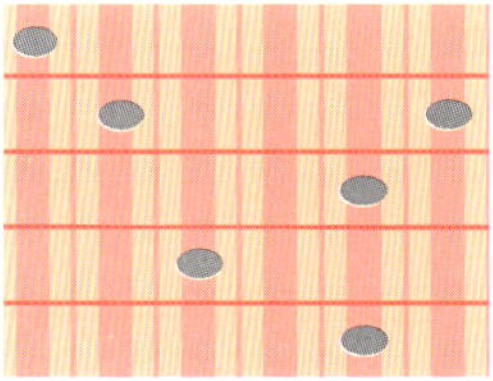

骨格筋

筋線維を構成するアクチンとミオシンが規則正しく並び、横紋を形成。骨格筋は横紋筋(おうもんきん)とも呼ばれている

特徴を知っておくのはランニングに関わらず
スポーツをしていく上でとても大切なことです。
たとえば、骨格筋といっても、もちろんその働きは
部位によってまるで異なるわけです。
関節を支点として骨格を屈曲させる「屈筋」や
その反対に関節を支点として骨格を伸展させる「伸筋」。
そして「内転筋」「外転筋」「回旋筋」
「拮抗筋」「共同筋」といった具合に分類され
神経の働きによって互いに協調し、
複雑な運動を可能にしています。
「痛み」を「痛み」だけで終わらせないためにも
自分の体の仕組みについて、
ちょっと向き合ってみませんか？

形状による筋肉の分類

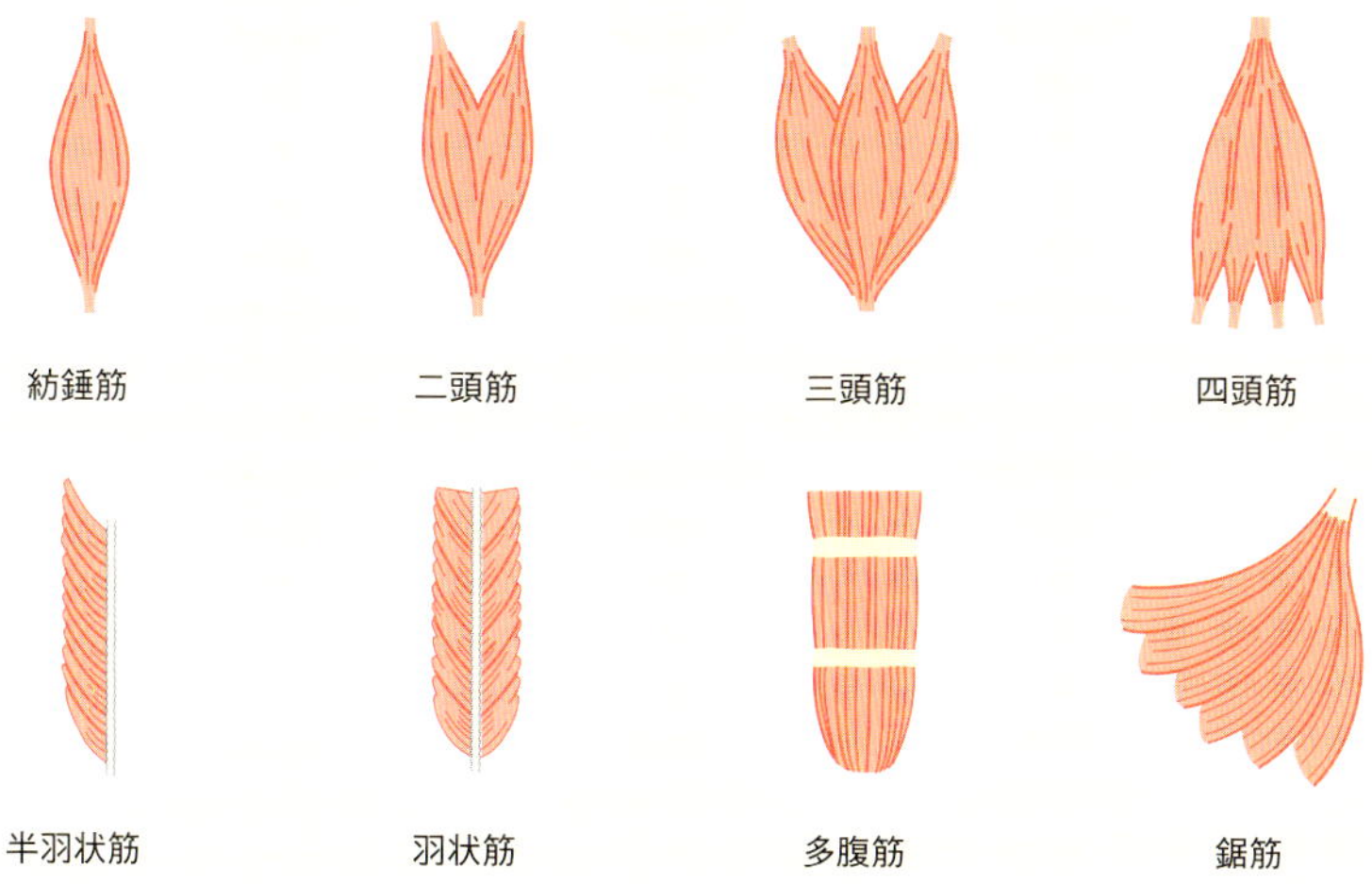

全身の筋肉と骨格

自分の痛みはどこで、どうして傷めてしまったのか…
周囲の筋肉や骨との関連性も含めて考えてみませんか?

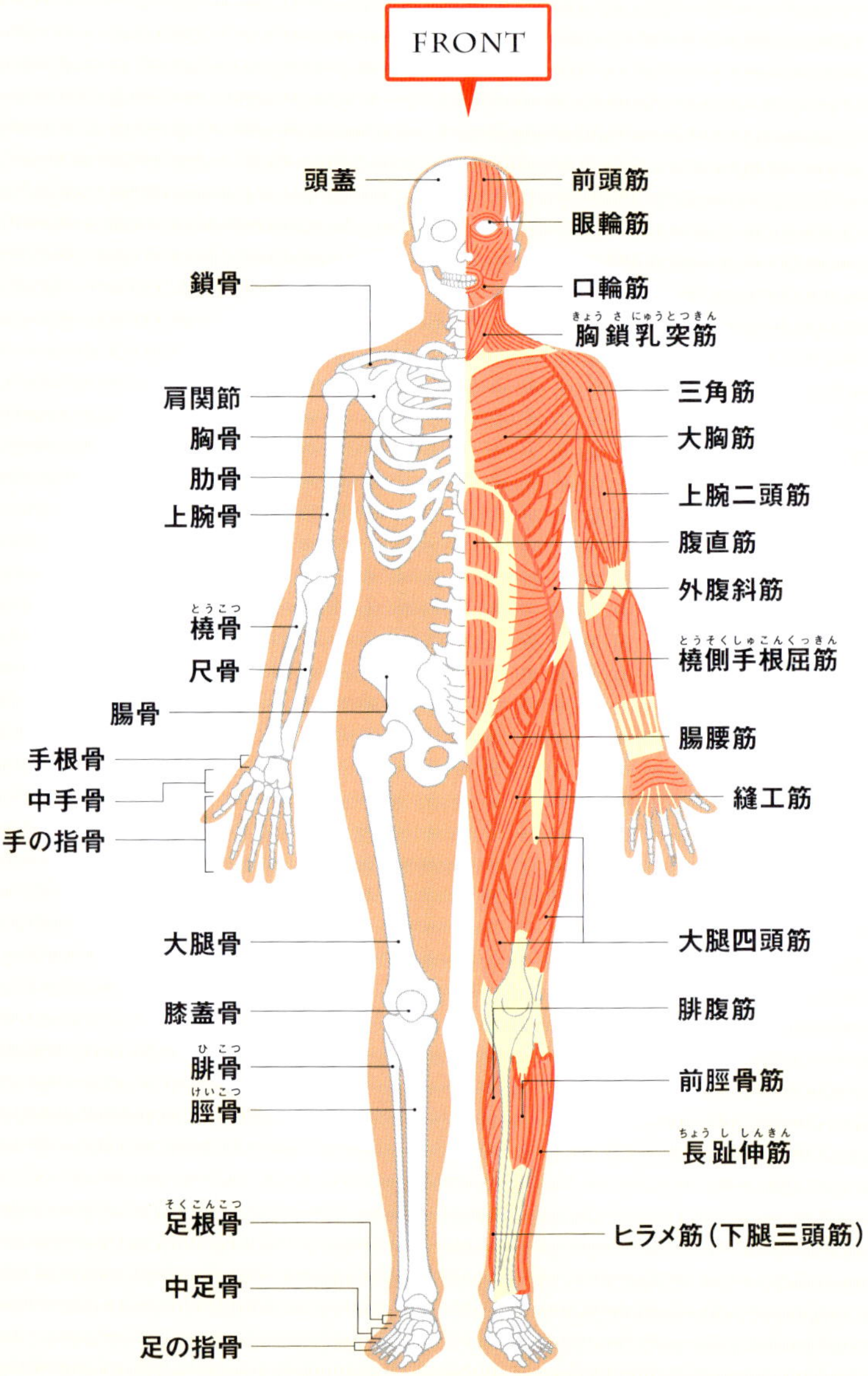

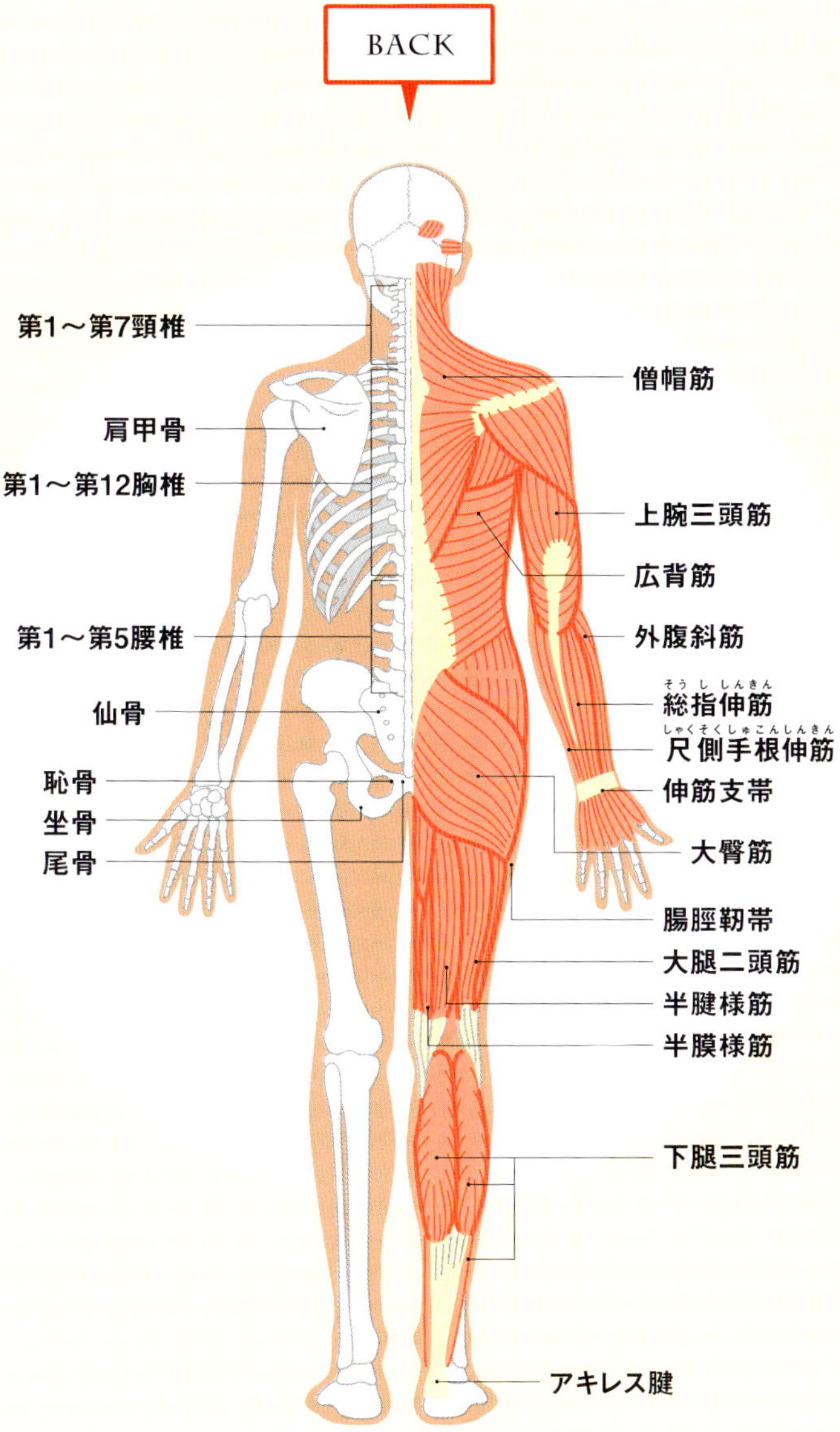
BACK
第1～第7頸椎
肩甲骨
第1～第12胸椎
第1～第5腰椎
仙骨
恥骨
坐骨
尾骨
僧帽筋
上腕三頭筋
広背筋
外腹斜筋
総指伸筋《そうししんきん》
尺側手根伸筋《しゃくそくしゅこんしんきん》
伸筋支帯
大臀筋
腸脛靭帯
大腿二頭筋
半腱様筋
半膜様筋
下腿三頭筋
アキレス腱

第1章

多くのランナーを悩ませる
メジャー・トラブル

足の痛み

ねんざや土踏まず、足指など
ランナーなら誰もが一度は
経験したことがあるであろう
足にまつわる「痛み」。
実は、日常的なケアやストレッチなどで
予防できることも多いのです。
また、ちょっと我慢すれば走れなくもない…
などと、軽く見てしまいがちの
トラブルも多いのだけど
無理を続けると重大な故障に
つながる場合もあるので注意しましょう。

ドクター小山の解剖学

足編

下腿には、脛骨《けいこつ》と腓骨《ひこつ》という2本の骨があります。内側にある脛骨は、末梢の足関節の内方で、「**内果**《ないか》」と呼ばれる骨の突起、いわゆる「**内くるぶし**」を形成しています。外側にある腓骨は、末梢で「**外果**《がいか》」、いわゆる「**外くるぶし**」を形成しています。

足関節は、脛骨と腓骨の末梢が形づくる**アーチ**の中に、足根骨《そくこんこつ》の1つである距骨《きょこつ》の突起が入り込む形の関節であり、身体全体の**荷重を支えている**わけです。

内果と外果では、外果の方が長く、外側方向に距骨がひねられる力を受けても、外果の骨がそれをブロック。しかし、内果の方が短いために、内側方向への骨のブロックが弱く、足関節をねんざする時には、外側よりも内側方向に**捻られやすい構造**になっています。

内果と外果と、距骨、踵骨との間は靱帯でつながっていて、外側の靱帯には、前方の**前距腓靱帯**《ぜんきょひじんたい》、中下方の**踵腓靱帯**《しょうひじんたい》、後方の**後距腓靱帯**《こうきょひじんたい》という3つの靱帯があります。そして内側には、幅広く厚く強い、**三角靱帯**と呼ばれる靱帯があります。

そんな足関節、足趾《そくし》のケガで多いのは、前距腓靱帯や踵腓靱帯の損傷、いわゆる**ねんざ**です。また、下腿から足に向かって、足関節や足趾を動かす筋肉が走っているのですが、ランニングなどの運動量増加に伴う負担による**腱鞘炎**や**筋膜炎**も多く見られます。**オーバー・ユース**によるトラブルが出やすいのも、足関節や足趾といえるでしょう。

足の痛み解消ガイド

あなたの「痛み」はどれですか？

ここでは、12の悩みについて診断、
予防トレーニングとストレッチなどを紹介しています。
あなたが悩むトラブルはもちろん
その他のページもチェックしておきましょう。

外くるぶし周囲の痛み
P34

カカトの痛み
P28

ねんざしてしまった
P18

土踏まずの痛み
P22

足裏の親指のつけ根の痛み
P40

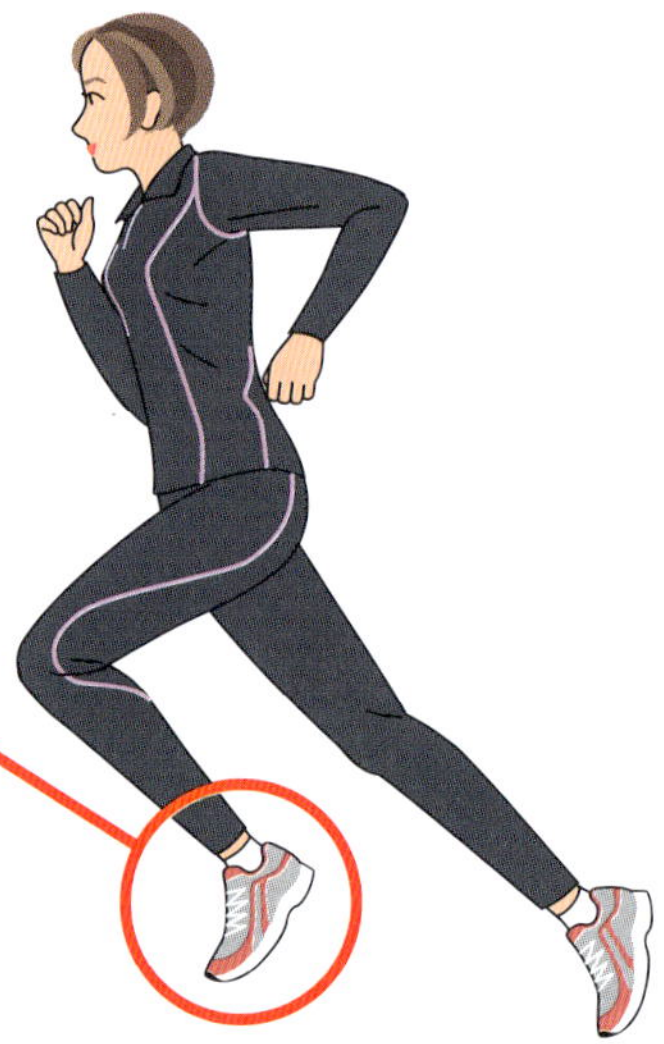

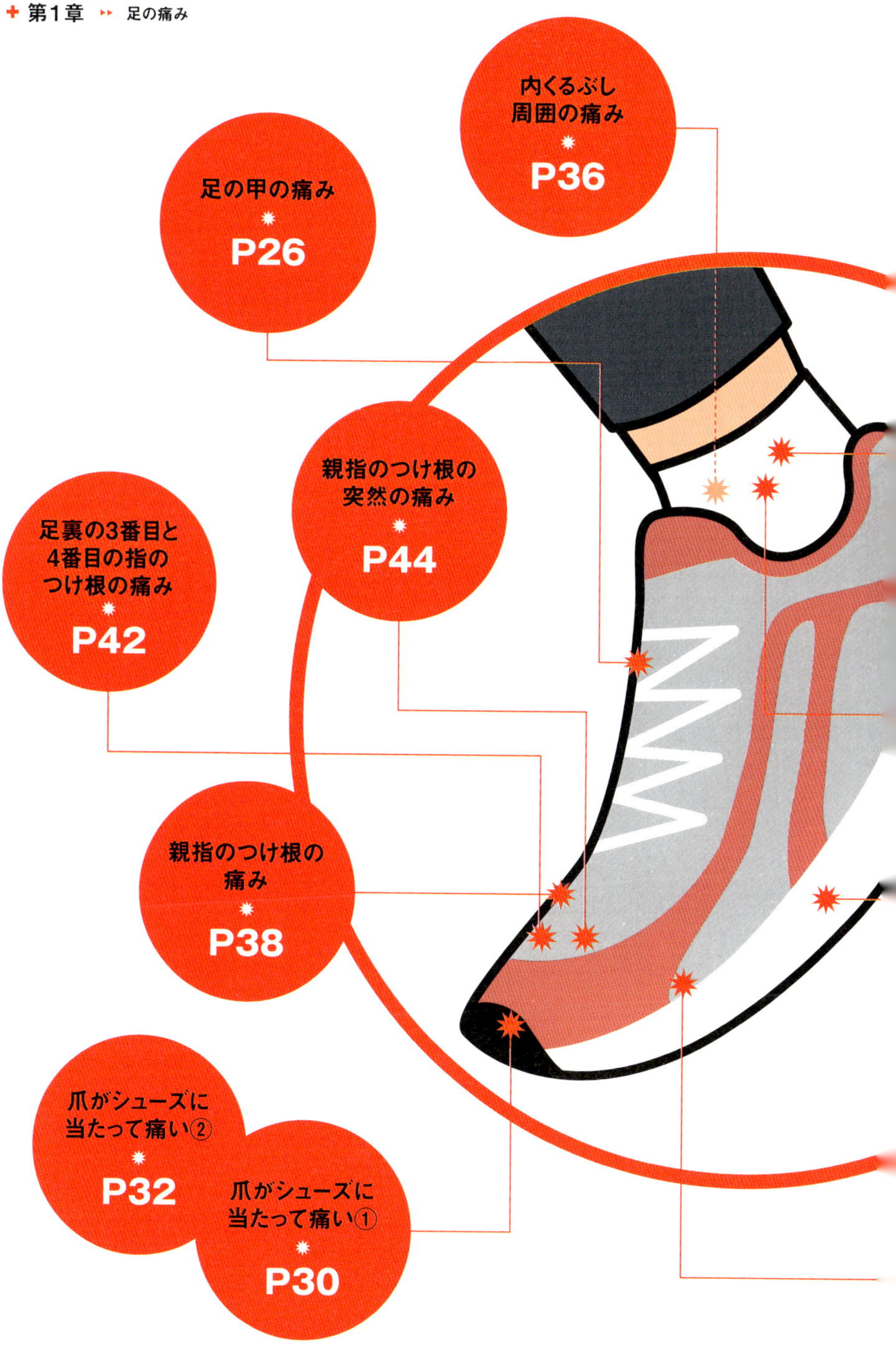
内くるぶし周囲の痛み
P36
足の甲の痛み
P26
親指のつけ根の突然の痛み
P44
足裏の3番目と4番目の指のつけ根の痛み
P42
親指のつけ根の痛み
P38
爪がシューズに当たって痛い②
P32
爪がシューズに当たって痛い①
P30

KARTE

01

【足の痛み】

ねんざしてしまった

お悩み

ジョギング中、
足首をひねって
しまいました。
よくあること、なんて
思っていましたが、
何日経っても痛みが
ひきません…

診断

「ただのねんざ」と
思っていても、
ひどい時は靭帯断裂《じんたいだんれつ》の
可能性も！ 足関節の
曲げ伸ばしすら
つらい時は病院へ。

ねんざは、着地の際などに足が内側を向いてしまったところに体重がかかり、関節の周囲の靭帯、関節包などに損傷を受けた状態です。

ねんざをすると、足首の関節に痛みと腫れがおこります。足をひねると痛みを感じる程度の場合はまだ軽症です。

重症になると、足関節を曲げ伸ばしするだけでも痛みが生じ、体重をかけることも困難になります。このような場合は靭帯が断裂してしまっている可能性もありますので、早めに病院で診てもらいましょう。

ねんざ治療の原則は、安静です。もんだりマッサージをするのは逆効果。圧迫包帯で足首を固定し、患部にはアイシングをして、腫れがひくのを待ちます。痛みが取れるまで、走ることは控えましょう。

また、治癒が不完全だった場合、「ねんざグセ」がついてしまいますので、再発予防もかねた、次ページのリハビリテーション・ストレッチがオススメです。

ねんざとは足関節周囲の靭帯などに損傷を受けた状態

足関節外側の靭帯

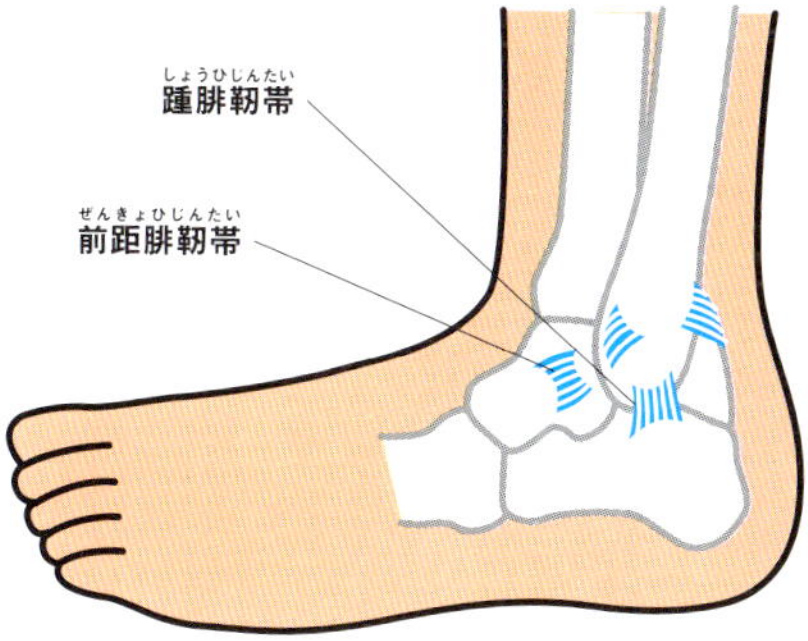

ねんざの仕組み

足関節が内側にひねられるような力を受けた場合、まず最初に前距腓靭帯が、更に強くひねられると、踵腓靭帯が損傷を受ける

予防トレーニングとストレッチ

「ねんざグセ」をつけないためにも
日頃から足関節周りの筋力アップ、ストレッチを心がけましょう。

[トレーニング]

▶ カーフレイズ

壁などにつかまり立ちして、カカトの上げ下げを10〜30回行う。簡単にできるようになったら、片足でも10〜30回行おう

ココに効く!

下腿三頭筋

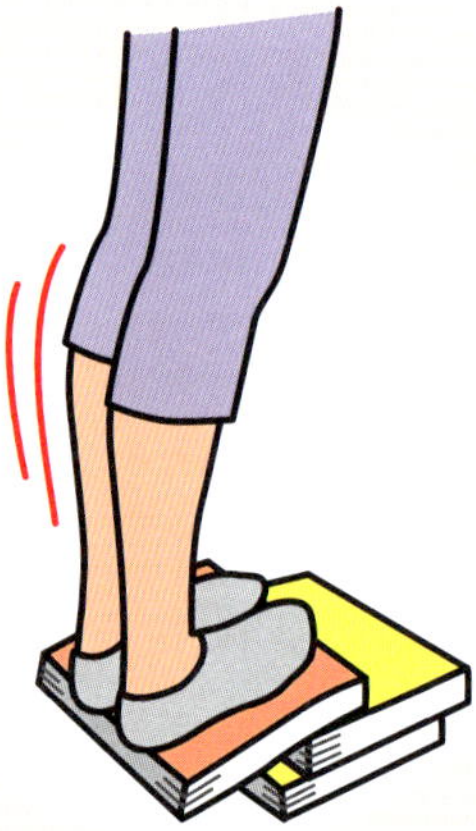

[ストレッチ]

▶ 下腿三頭筋のストレッチング

電話帳や雑誌などを重ね、傾斜を作る。その上に立ちゆっくりと呼吸しながらふくらはぎを十分に伸ばす

ココに効く!

下腿三頭筋

[トレーニング]

▶ 腓骨筋のチューブ・トレーニング

足を投げ出した姿勢で、両足にかかるようにチューブを回し、足を左右に開く。10〜30回を目安に

ココに効く!

長腓骨筋・短腓骨筋

[ストレッチ]

▶ 前脛骨筋のストレッチング

腰よりやや低い台やテーブルの上に足の甲をあて、腰を落とし、前頚骨筋を伸ばす。痛みのない範囲で最大限に伸ばした状態を、ゆっくりと呼吸しながら30〜40秒保持

ココに効く!

前脛骨筋

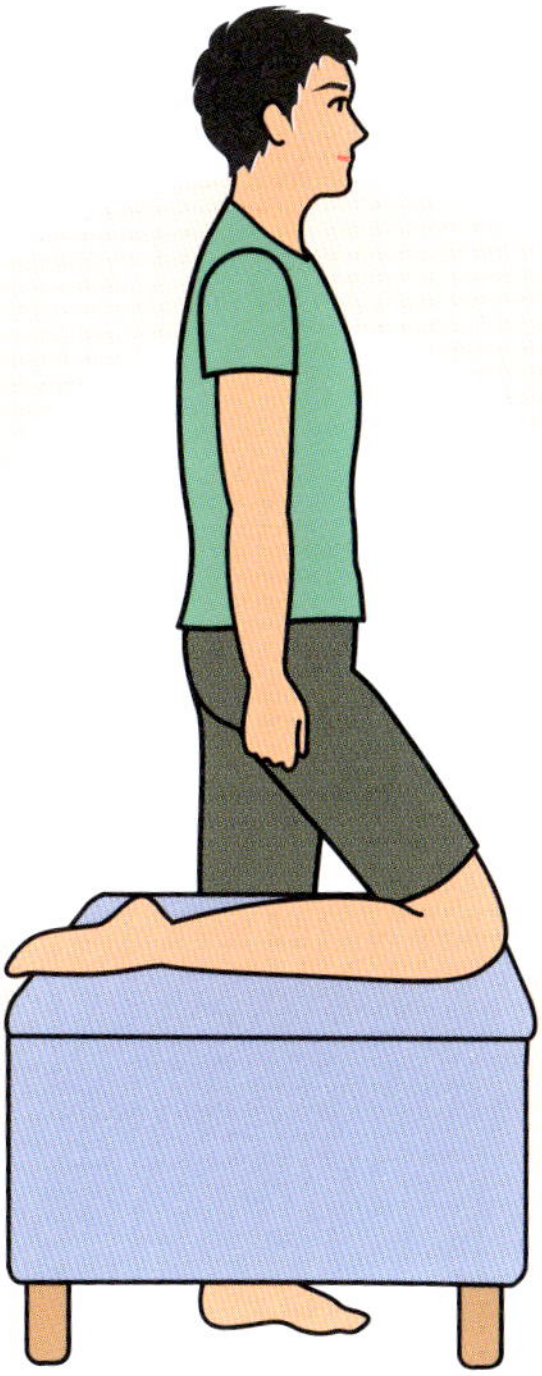

KARTE 02

【足の痛み】

土踏まずの痛み

お悩み

たまに長時間
走ろうとすると、
途中から必ず
土踏まずが痛く
なります。

診断

足底腱膜炎《そくていけんまくえん》だと
思われます。
着地の衝撃を受ける
足裏の筋肉を、
鍛えていきましょう。

足の裏には、カカトから土踏まず、足の指にかけて筋肉が張り渡されています。この筋肉の表面には、強い線維性の膜「足底腱膜」があり、カカトと足の骨を引き寄せてアーチを作り、路面からの着地衝撃を和らげる役割をしています。

しかしランニング時にその衝撃を繰り返し受けると、筋膜が炎症を起こします。これが土踏まずの痛み、「足底腱膜炎」と呼ばれる症状です。

この症状が起こりやすいのは、足の甲がフラットな「扁平足」の人と、足の甲が高い「ハイアーチ」の人。

扁平足はカカトと指を結んだアーチが小さく、衝撃を吸収する力が弱いため、より大きなストレスが腱膜にかかり、炎症が起こります。

一方、甲が高いハイアーチは、足底腱膜が短くて突っ張っています。ランニングの着地の衝撃でアーチがつぶれるたびに、足底腱膜にストレスがかかり、炎症が起こるのです。

いずれも足底の筋肉を鍛え、柔軟性をつけることで予防は可能です。普段から次ページのようなトレーニングで足底の筋肉を鍛え、走る前は次ページのような、足の裏をゆっくり伸ばすストレッチを行って下さい。

痛みがある場合はアイシングや湿布をし、1~2週間は走るのをお休みして、痛みがなくなったら、ストレッチを十分にした上で、少しずつ運動を再開して下さい。また、痛み対策として、土踏まずのアーチをサポートするインソールを使用することもオススメです。

足のアーチ構造

▸ 正常な足

足の骨がアーチ型になっている。着地のたびにアーチがつぶれ、衝撃を吸収する

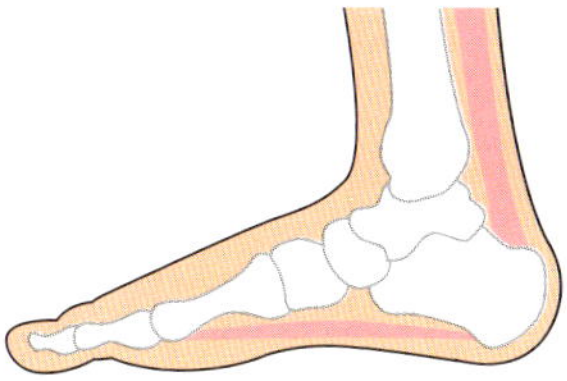

▸ 偏平足の足

足の形がフラットで、土踏まずがあまりない状態。足底への着地の衝撃を吸収しにくい

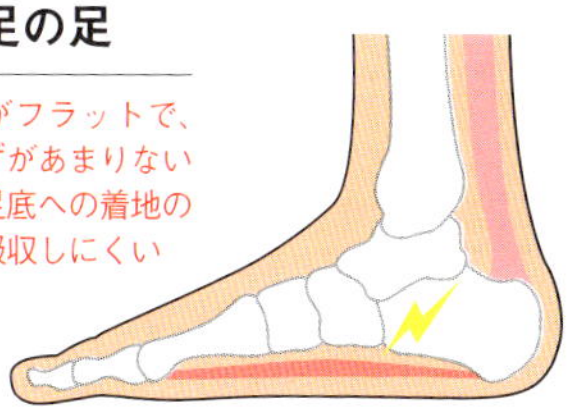

▸ ハイアーチの足

高いアーチのために、足底筋が短く突っ張り、着地時にストレスを受けやすい

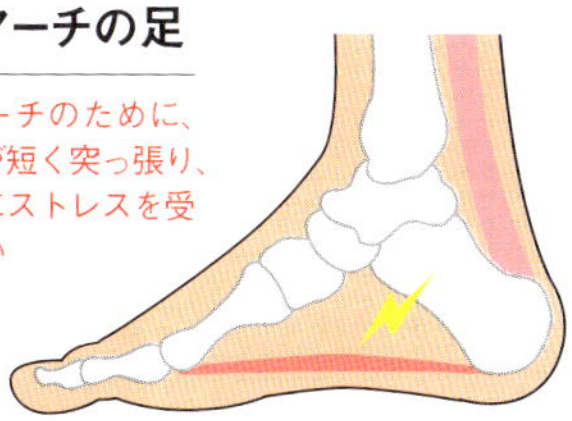

予防トレーニングとストレッチ

足のアーチ構造が深く関係する土踏まずの痛み。
トレーニング&ストレッチだけでなくインソールも効果的です。

[トレーニング]

チューブトレーニング

脚を投げ出した格好で座り、足に巻きつけたチューブを手で引きながら、足首を図のように動かし、下腿三頭筋を鍛える。10〜30回が目安

ココに効く! 下腿三頭筋

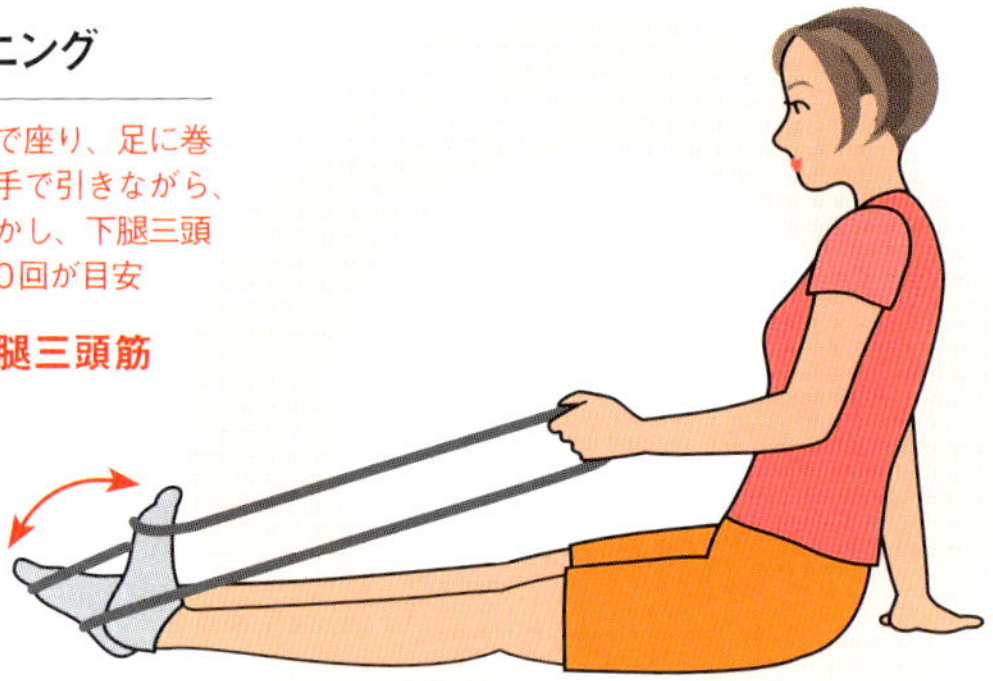

[トレーニング]

タオルギャザー

イスに座り、足元にひいたタオルを、指の力だけでたぐり寄せるトレーニング

ココに効く! 足底の筋群

[トレーニング]

パートナーとのトレーニング

二人ペアになって座り、手で足の甲に抵抗を加えてもらう。パートナーの加えた力に反発するように、足首を手前に曲げる。10〜30回を目安に

ココに効く! 前脛骨筋

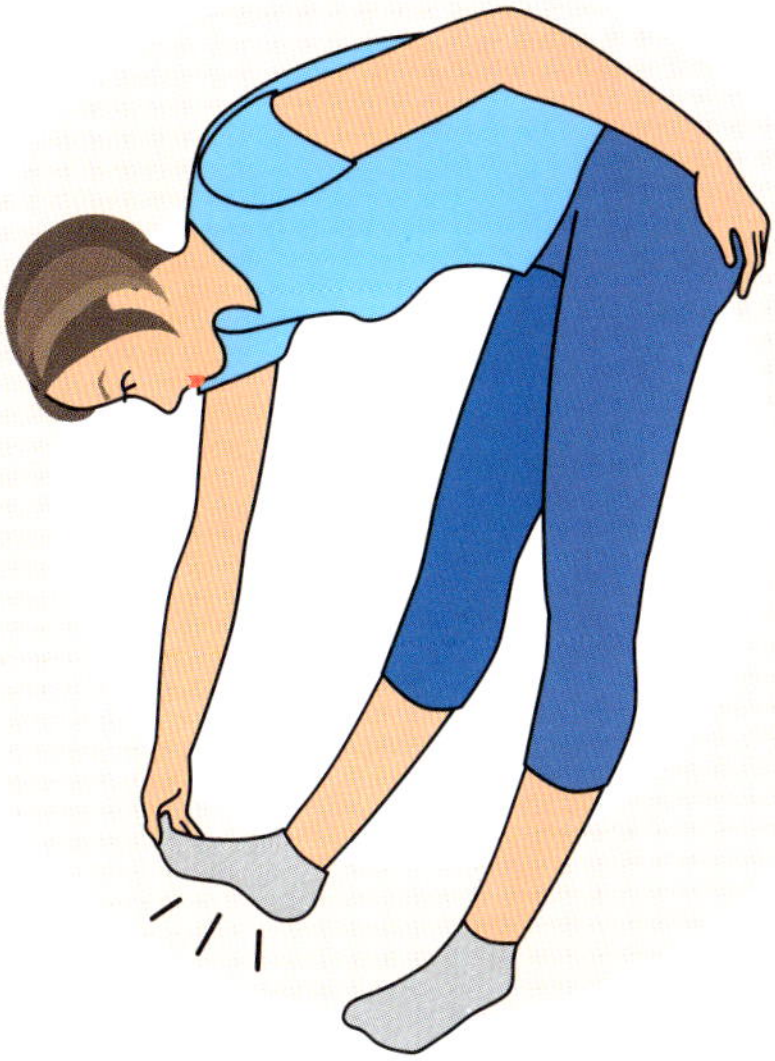

[ストレッチ]

足底筋のストレッチ その1

片方の足の指に手をそえ、前屈する。足底筋を意識して行おう

ココに効く! **足底の筋群**

[ストレッチ]

足底筋のストレッチ その2

アキレス腱のストレッチと同じ。後ろに伸ばした足の裏をしっかり伸ばそう

ココに効く! **足底の筋群**

CHECK !

アーチをサポートするインソールも効果的です

市販のインソールの他、最近は専門スタッフによるカスタム・インソールなども、充実しています。自分の足にフィットしたものでないと意味がないので注意しよう

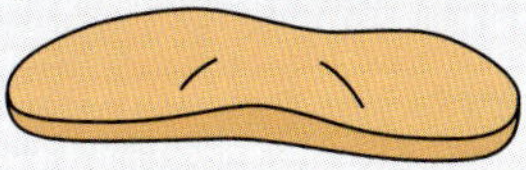

KARTE 03

【足の痛み】

足の甲の痛み

お悩み

足の甲が腫れて痛みます。
安静にしていると治まるのですが、**走るとまた腫れて、激痛**が走るのですが…。

診断

長距離を走りこむランナーに起こりやすい症状です。**ひどい時は中足骨疲労骨折**も疑われます。

ランニング中、着地する際の衝撃が足にくり返し加わると、中足骨の骨膜に炎症がおこります。過度なトレーニングを行ったり、足に合わないシューズで走り続けた場合に起こる症状で、中でも外反母趾など足の変形のある人に多く見られる傾向にあります。

初期症状は立ったり歩いたりすると痛む、足の甲が腫れ、押すと痛みが強い、といったもの。痛みがとれるまで、3日間は安静とアイシング、2週間は練習を休んで下さい。

重症になると、中足骨が疲労骨折を起こすことも。この場合、2週間以上経過すると、骨折部の周囲に仮骨が形成され、足の甲を触れると硬いコブのようなものが感じられることがあります。症状に気がついたら、早めに整形外科を受診し、3週間は歩行も必要最小限に。その後は医師の指示に従って2〜4ヵ月は練習を控えめにして下さい。

再発の予防にカルテ2でもご紹介したインソールや、足部にある細かい筋肉を鍛えるストレッチを行いましょう。

中足骨疲労骨折

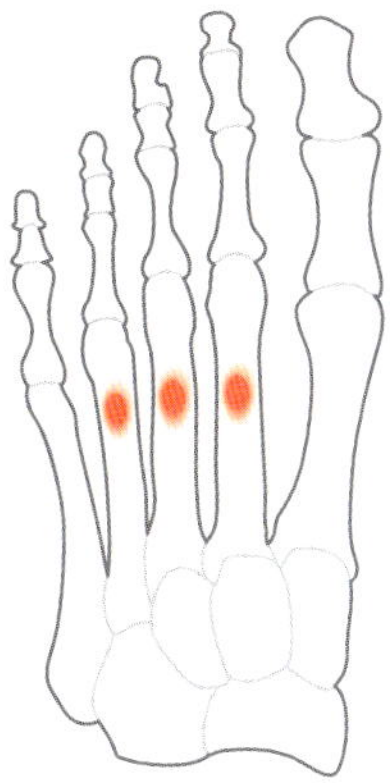

▶ 着地衝撃のストレスが原因

第2〜第4中足骨が着地衝撃のストレスを受け続けると骨膜炎や疲労骨折を起こす。骨折箇所は、安静にして2週間ほど経過すると仮骨が形成される

予防のためのトレーニング

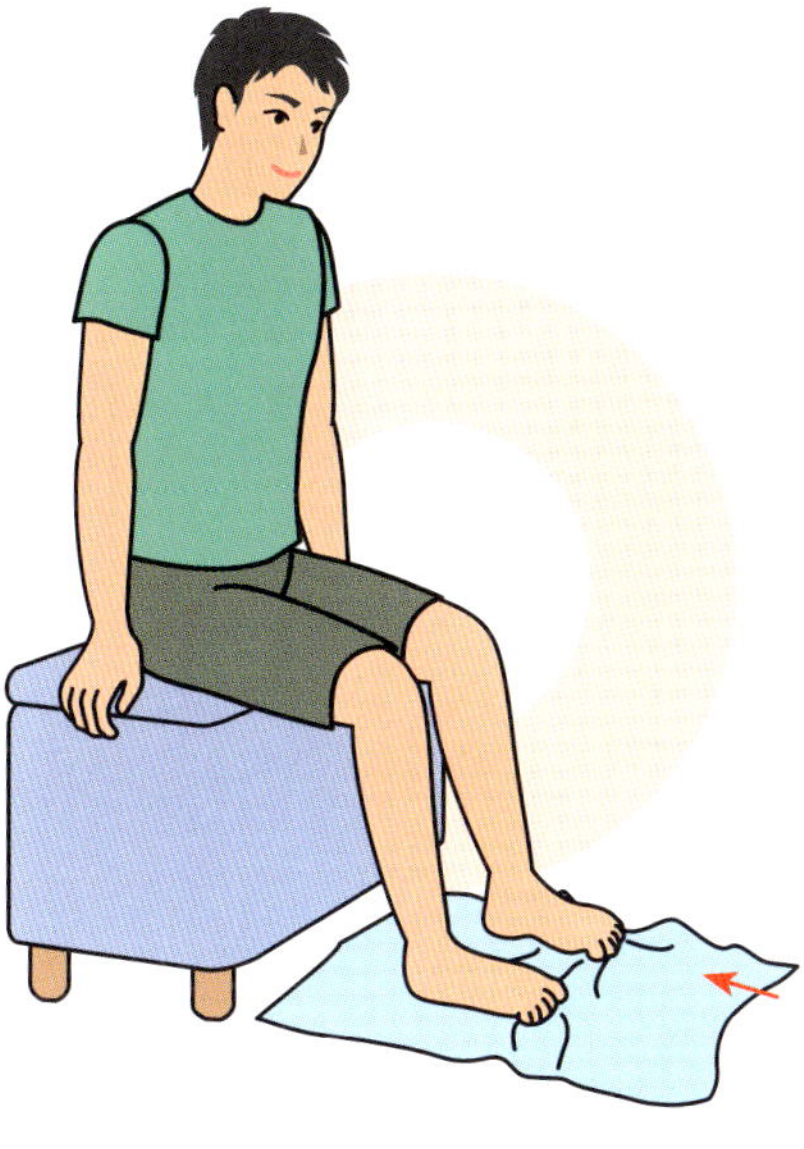

［トレーニング］

▶ タオルギャザー

椅子や台に座り、床の上に広げたタオルを、足の指でつかみながらたぐり寄せる。5〜10分程度が目安。楽にできるようになれば、タオルの上に本などを置いて負荷をかけてみよう

ココに効く！ 足底の筋群

KARTE

04

【足の痛み】

カカトの痛み

お悩み

最近、トレーニング量を増やしたところ、**着地した瞬間にカカトに痛み**が出るようになり、長く走れません。

診断

カカトの骨の下に内出血を起こしているのかもしれません。クッション性の高いシューズや、インソールなどで着地の衝撃を和らげる工夫をしましょう。

ランニング時のカカトは、着地の瞬間に体重の何倍もの大きな負荷を受け続けるため、カカトに痛みが出ることがあります。

痛みの原因は、カカトの骨（踵骨）と皮膚の間の柔らかい皮下組織に起きる内出血です。患部を指で押してみると、腫れを感じたり、皮膚が青黒くなっていたりします。

痛みがある間は運動を休んで下さい。また、熱いお風呂や飲酒は、出血を促進するので控えましょう。

トレーニングを再開する時は、いつものランニング・シューズを見直してみて下さい。底が磨り減ったシューズや、ソールが薄いレース用シューズは、クッション性がよくありません。できるだけ衝撃吸収性の高いシューズを選んだり、インソールやカカトを守るヒール・カップなどを利用して下さい。

また、カカトの痛みには「足底腱膜炎《そくていけんまくえん》」の可能性もあります。ランニング中は着地のたびに、土踏まずのアーチを作る筋肉が引っ張られるため、過度のトレーニングを続けると、炎症を起こします。筋肉と踵骨との付着部付近が痛くなることも…。この場合も、痛みがなくなるまでは練習を休み、再開時には前述のような装具を利用したり、前ページのワークアウトでも紹介した足の指でタオルをたぐり寄せる「タオル・ギャザー」で、足底の筋群を鍛えることが有効です。

カカトの痛みとは

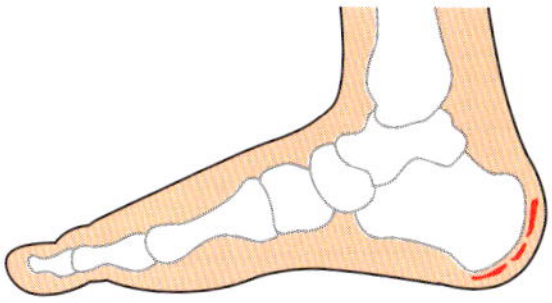

▸ **カカトの痛みに多く見られる、内出血の状態**

高いアーチのために、足底筋が短く突っ張り、着地時にストレスを受けやすい

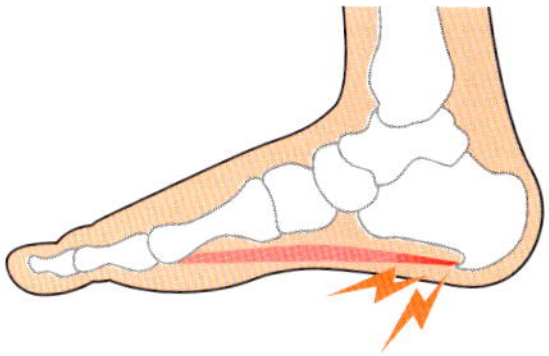

▸ **足底腱膜炎が原因で起こる、カカトの痛み**

過度のトレーニングで足底腱膜に炎症が起こる。筋膜の付着部分の踵骨も着地時に引っ張られるため、骨が尖ってくるなど変形することがある

CHECK !

予防・対策にはカカトへの衝撃を吸収するインソールやヒール・カップがおすすめです

もちろん、クッション性の高いシューズを選ぶことも大切ですが、インソールやヒールカップで解消できることも。専門スタッフ、専門医に作ってもらうカスタムメイドがベスト

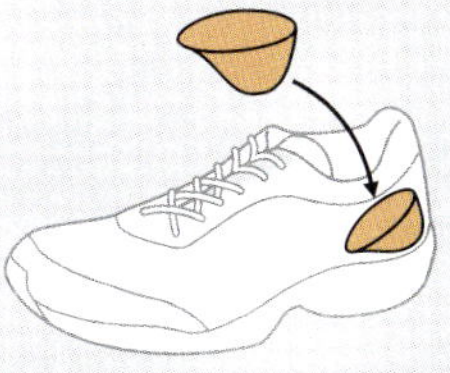

KARTE 05

【足の痛み】

爪がシューズに当たって痛い①

お悩み

マラソンで長い距離を走ったら、爪の中で**出血したのか、黒い爪になってしまいました。**痛いし、爪がはがれそうです。

診断

爪先の圧迫により、爪下血腫《そうかけっしゅ》を起こしています。無理にはがさず、痛みがひどい時は病院へ。

爪先に靴の圧迫が強くかかったり、ランニングして、くり返し爪先にストレスがかかると、爪の下で内出血が起こることがあります。ドアに指を挟んだり、重いものを足先に落としたりしたときにできる、血豆に似た状態ですが、これを爪下血腫といいます。

ひどい時はたまった血液で爪が浮き上がり、はがれてしまうこともあります。

爪が浮き上がっても、無理にはがさず、ばんそうこうやテーピングで保護し、清潔に保って下さい。痛みがひどい時は整形外科を受診して、注射針などで爪に穴を開け、中の血液を抜き取る処置をしてもらうと、痛みも軽くなります。

安全に走るためにも、シューズ選びは大切です。キツすぎないもの、指先に遊びがあるものを履くようにしましょう。

爪下血腫の病態と処置

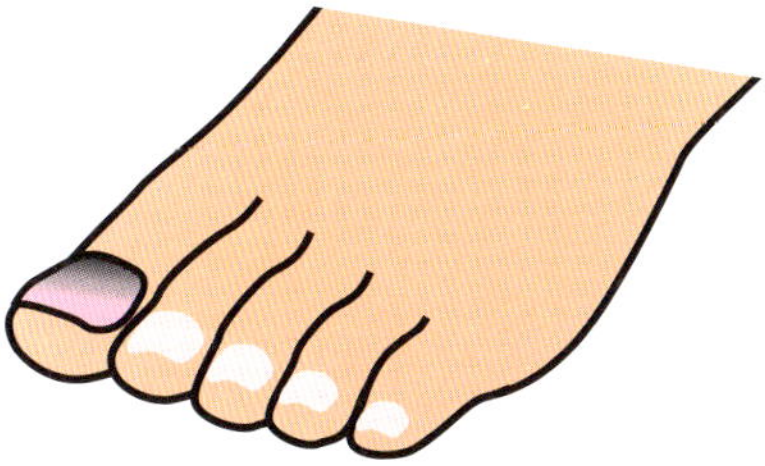

▶ **内出血の圧力が痛みを誘発**

爪の下で出血が起こると、行き場のなくなった血液が、爪と皮膚の間に埋まってしまい、その圧力が痛みを誘発する

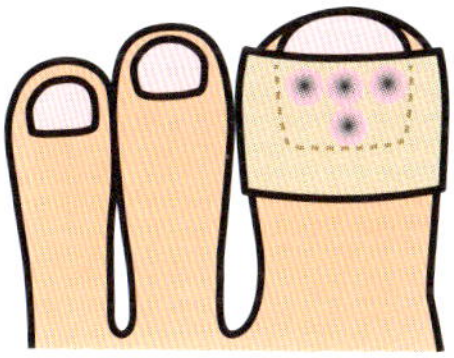

▶ **整形外科による処置**

整形外科のもとで、爪に小さな穴を開けてもらうと、たまっていた血液が穴から染み出てくる。ほとんど出てしまうと、自然と痛みも治まってくる

ひどくなると爪が剥がれてしまうことも

KARTE
06

【足の痛み】

爪がシューズに当たって痛い②

お悩み

深爪した足で
走っていたら
爪の両端が腫れて
化膿して
しまいました。

診断

陥入爪《かんにゅうそう》になっています。
抗生物質や、
外用薬を使い、しっかりと
爪が伸びるまで
ねばりましょう。

ランナーにありがちな爪のトラブルとして、陥入爪にも要注意です。爪を深く切りすぎた時に、きついシューズなどで爪先が圧迫されている状態が続くと、伸びてきた爪が周囲の肉に切り込むような状態になります。傷ができてしまい、ばい菌が入り、化膿してしまうこともあります。

痛みがあるからと、食い込んでしまった爪をさらに深く切ってしまう人が多いのですが、それでは同じことのくり返しになります。

爪を切る時は深爪をせず、皮膚からはみ出した部分のみをカットして下さい。カットした先端がシューズや靴下にひっかかったりしないよう、角をやすりで削って滑らかにしておきましょう。

陥入爪の病態とケア

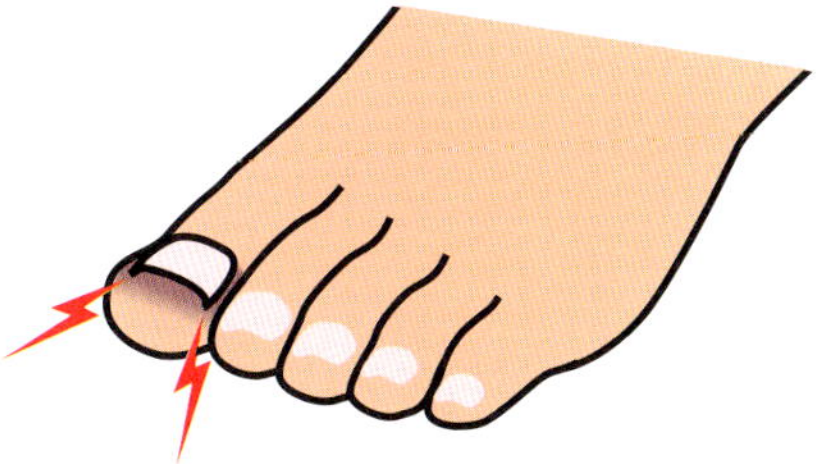

▸ **炎症は爪が伸びきるまで**

爪の角が脇の肉に切り込み、化膿や炎症を起こしてしまう陥入爪。爪が十分伸びてしまえば皮膚を傷つけることはなく、炎症は収まる

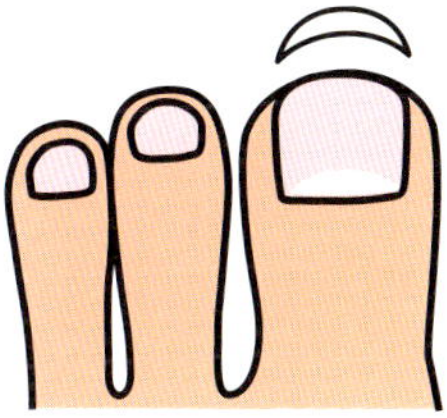

▸ **深爪に要注意!**

爪は皮膚からはみ出した部分だけをカット！　深く切ろうとするのはNG。切ったら、やすりで手入れをしよう

皮膚から
はみ出した部分
だけをカット

KARTE 07

【足の痛み】

外くるぶし周囲の痛み

お悩み

踏み込みの瞬間に、
外側にある
くるぶしの
後ろが
痛くなります。

診断

足のオーバー・ユース
（酷使）による
「腓骨筋腱炎《ひこつきんけんえん》」が疑われます。
ストレッチや筋トレで
予防しましょう。

足の外側、骨が出っ張った部分（外くるぶし）の後方には、腓骨筋腱という太い腱が走っており、足を外側に向ける働きをしています。この腱がランニングなど、足のオーバー・ユース（酷使すること）によって、炎症を起こして痛みが出ることがあります。これは「腓骨筋腱炎」と呼ばれるもので、腱鞘炎の一種です。

ハードな走り込みをしている時期など、踏み込みの瞬間に痛みを感じたりしますが、走らなくなると痛みが軽くなります。

特に土踏まずが高い人は、この筋内にストレスがかかりやすいので注意が必要です。患部を押して、痛みがなくなるまでは軽いランニングにとどめ、ランの後にはアイシングをするように心がけましょう。

また、足首まわりのストレッチや、腓骨筋の筋力強化トレーニングを行うことで予防につながります。

足関節外側の構造

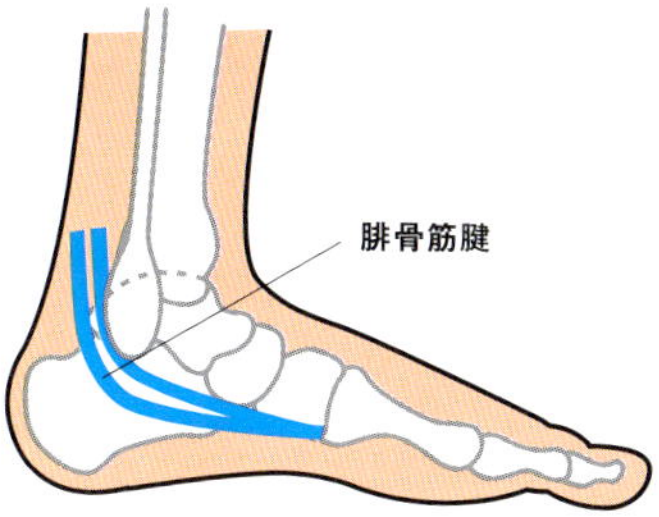

▸ **腓骨筋腱の部位**

足の外側から、外くるぶしの後ろを通り、ふくらはぎへ向かう腓骨筋腱は、足の裏を屈曲させたり 足首を外側に向ける働きをしている

予防のためのストレッチ

［ストレッチ］

▸ 下腿後面の筋肉ストレッチ

電話帳や雑誌などを重ねて傾斜を作り、その上に立つ。ゆっくりと呼吸しながら、ふくらはぎを十分に伸ばす。バランスを崩さないように注意しながら行おう

ココに効く!

下腿三頭筋・長腓骨筋腱・短腓骨筋腱

［ストレッチ］

▸ 下腿前面の筋肉ストレッチ

腰よりやや低い台やイスの上に足の甲をあてて腰を落とし、スネの筋肉を伸ばす。痛みのない範囲で最大限に伸ばした状態を、ゆっくりと呼吸しながら、30～40秒キープ

ココに効く!

前脛骨筋

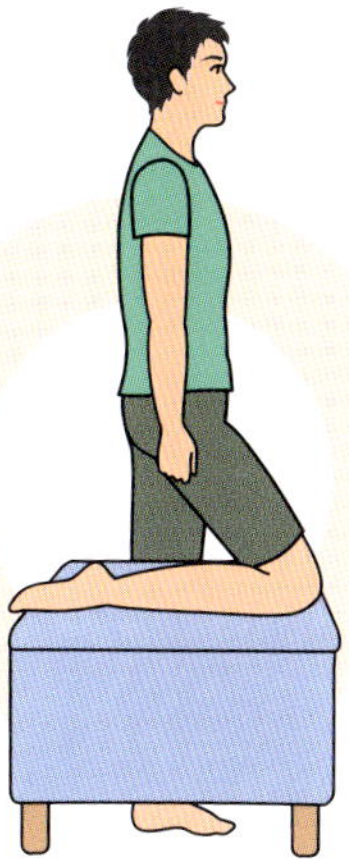

KARTE 08

【足の痛み】

内くるぶし周囲の痛み

お悩み

トレーニングを増やしたところ、**内側のくるぶし周辺に痛みが出る**ようになりました。

診断

オーバー・トレーニングによる**腱鞘炎《けんしょうえん》が疑われます。**まずはアイシングなどで痛みを和らげることが大切です。痛みがなくなったら軽い練習メニューで再開して下さい。

内側のくるぶしのすぐ後ろには、ふくらはぎから足の親指近くまで伸びる、後脛骨筋《こうけいこつきん》という大きな筋肉につながる腱が通っています。こうした症状は、オーバー・トレーニングによって、ここに腱鞘炎を起こしているケースが考えられます。

腱鞘炎は中高年の女性に起こりやすい症状の一つですから、40歳代以上の女性ランナーで、マラソン大会などを目指している方は、急激にトレーニング量を増やさないよう、十分に気をつけたいものです。

まずは炎症を抑えることを優先させましょう。ドラッグ・ストアなどで購入できる腱鞘炎用の湿布なども有効ですが、痛みがひどい場合は氷水を入れたビニール袋を患部に当てるアイシングがオススメです。それでも痛みが引かない場合は、整形外科を受診される方がいいでしょう。

痛みがなくなってきたら、それまでよりも練習量を控えめにしてトレーニングを再開して下さい。

予防のためには、下の図のような後脛骨筋のストレッチと筋力トレーニングを行いましょう。

また、アウト・ソールが磨り減ったシューズを履いていると、クッション性が低下しているために、腱鞘炎が起こりやすくなる場合があります。定期的にアウト・ソールの磨耗具合をチェックすることをオススメします。

痛みが出る仕組み

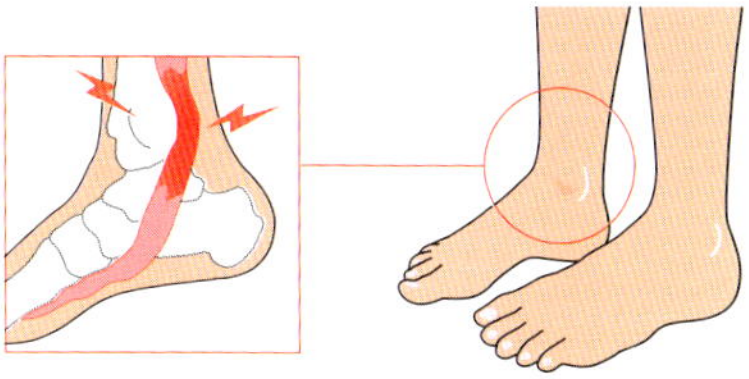

▶ 内くるぶし周辺の構造

脛骨のせり出した部分、内くるぶし（内果）のすぐ後方を走っている後脛骨筋腱が、過度な運動で炎症を起こしてしまう

予防トレーニングとストレッチ

［ストレッチ］

▶ 後脛骨筋のストレッチ

電話帳や雑誌などを重ねて傾斜を作り、その上に立つ。後脛骨筋が通っている、ふくらはぎを十分に伸ばそう

ココに効く! 後脛骨筋

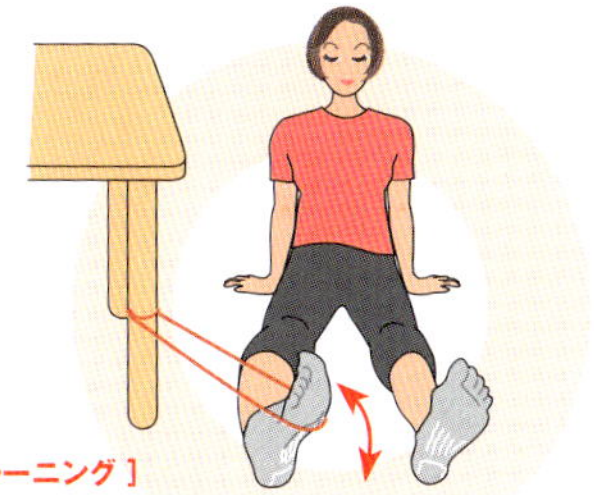

［トレーニング］

▶ 後脛骨筋の筋力トレーニング

脚を伸ばして床に座る。体の外側、足の後方から引っ張っぱったチューブを、足の甲にかける。そのまま足の甲を体の内側に向けて上げ下げする

ココに効く! 後脛骨筋

KARTE 09

【足の痛み】

親指のつけ根の痛み

お悩み

足の親指つけ根が外側に曲がり、**ランニングすると、赤く腫れます。**

診断

足の親指が変形する「外反母趾《がいはんぼし》」だと思われます。前足部に余裕のあるシューズを履くなど、親指のつけ根が圧迫されないようにしましょう。

足の親指がカラダの中心線から見て外側に曲がっている症状を外反母趾と呼びます。ランニングが直接的な原因で発症するものではなく、中高年になって足裏の筋肉が衰え、横のアーチがゆるんでしまったり、ハイヒールなど足先の狭い靴を履き続けることなどが原因で変形をきたすもので、特に女性に多いのが特徴です。

外反母趾の人がランニングをすると、親指のつけ根の飛び出した骨の部分がシューズに当たって赤く腫れ上がり、痛みを伴います。

痛みを和らげるには、前足部に十分余裕のあるシューズを選んだり、厚手のソックスを履くなど、親指のつけ根にプレッシャーが加わらないようしましょう。シューズに入れる、外反母趾専用のパッドやインソールなども市販されていて、これらを使うのも対策の一つです。

予防方法としては、足指の機能が低下しないように裸足で歩いたり、タオル・ギャザーを行うなどして、足裏の筋肉強化をすることが効果的です。

変形が進行すると、治療が困難になるので、痛みが引かない場合は整形外科医に相談してみましょう。

外反母趾の病態

▶ 外反母趾の足部

親指のつけ根の骨が外側に向かって飛び出し、親指が人差し指の方へ曲がってしまう状態。骨の飛び出した部分が圧迫されて痛む

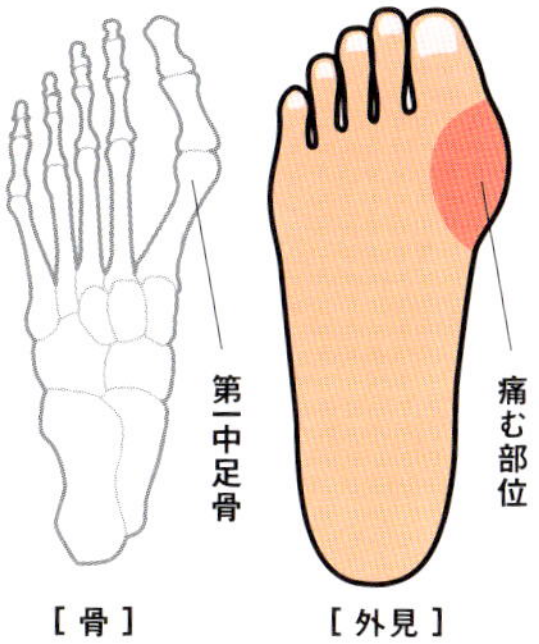

予防のためのトレーニング

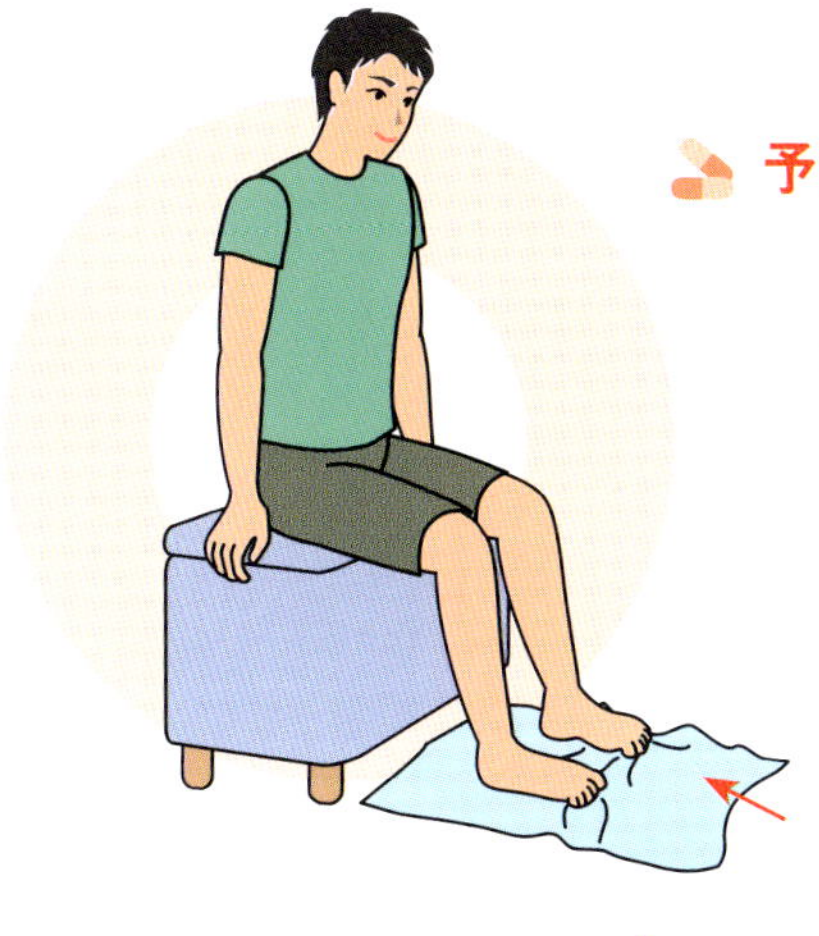

[トレーニング]

▶ タオル・ギャザー

イスに座り、床の上に広げたタオルを足の指で掴みながらたぐり寄せる。これを5〜10分行う

ココに効く!

足底の筋群

KARTE
10

［足の痛み］
足裏の親指のつけ根の痛み

お悩み

腫れなどはありませんが、ランニングのキックで親指のつけ根が痛くなります。

診断

親指つけ根部分にある小さな骨（種子骨）が二つに分かれている可能性があります。
圧迫がかからないようにしましょう。

ランニングのキックやジャンプ時に、足裏の親指つけ根部分に痛みがある人は「第一中足骨種子《ちゅうそくこつしゅし》骨《こつ》障害」の可能性があります。レントゲン検査をすると、足の親指の付け根の真下にある小さな骨（種子《しゅし》骨《こつ》）が、二つに分かれた状態になっていることがあります。

原因は思春期前など、まだ種子骨が軟らかい時期に、激しいスポーツで衝撃を受け続けたことで、疲労骨折を起こして二つに分かれてしまったという場合が多いのですが、生まれつき種子骨が二つに分かれているという人もあり、土踏まずが高い人に多く見られる傾向があります。

この障害は、ランニングをやめるほどの心配はありません。ソールの厚い、クッション性の高いシューズや、アーチサポートが十分ほどこされているシューズを選んだり、親指にかかる力をやわらげるインソールを利用するのもオススメです。親指のつけ根にかかる力を分散させることで、ほとんどの人の症状は改善されるようです。

しかし、症状がとれず、ランニングができない場合には、骨片を摘出する手術をすることもありますので、整形外科医に相談した方がいいでしょう。

衝撃や疲労の蓄積が骨折につながることも

足内側の骨格

▶ 種子骨の部位

親指のつけ根部分にあたる第一中足骨の真下にある小さな骨が種子骨。衝撃や疲労で二分化することがある

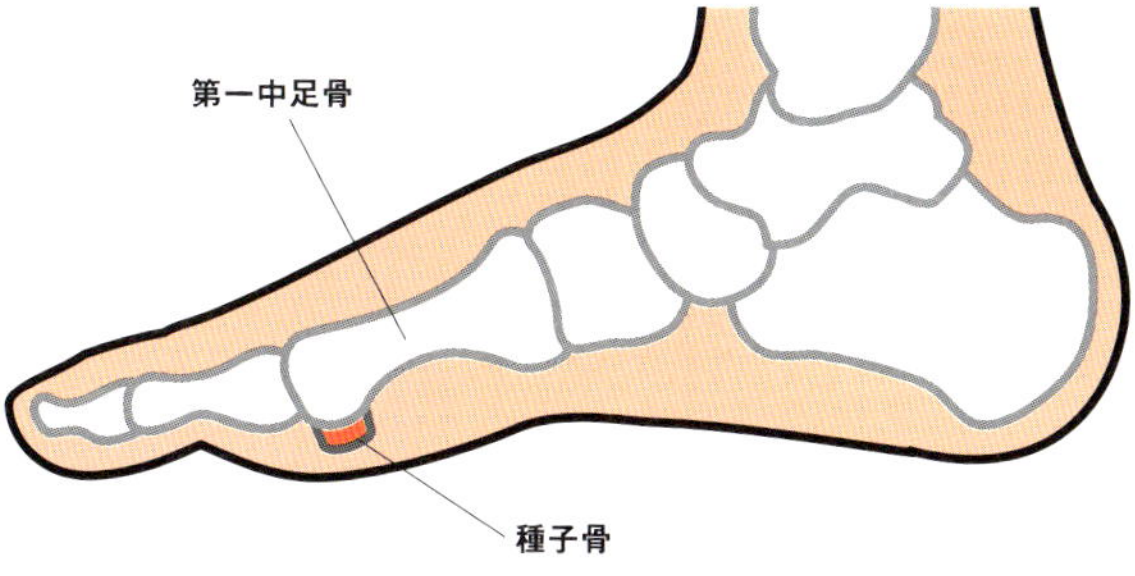

KARTE 11

【足の痛み】

足裏の3番目と4番目の**指のつけ根**の痛み

お悩み

走っていると、突然、**3番目と4番目の指のつけ根の裏に痛みが出ました。**

診断

「モルトン病」の疑いがあります。

シューズに衝撃吸収用のインソールを入れるなど、クッション性を考慮しましょう。

足の3番目と4番目の指（手でいうと中指と薬指）の付け根の、ちょうど中間部分にあたる足底は、知覚神経が複数合流し、他の神経よりも太くなっているため、圧迫を受けやすい場所です。

足幅の狭いシューズを履いてランニングを続けていると、この部分の神経が両側からの圧迫で炎症を起こし、ピリピリした痛みが出ることがあります。これを「モルトン（モートン）病」と呼んでいます。モルトンとは、この障害を最初に報告した医師の名前です。

走っている途中に突然痛みが発生し、シューズを脱ぐと痛みが引くのが特徴で、指の感覚が鈍くなる「感覚鈍磨」の症状が現れることもあります。

明らかな要因がなく発症することもありますが、前足部（足の前半分）が、やや内側を向いている人や、足指の機能が低下して、足底の横アーチにゆるみが出たりすると起こりやすくなるようです。

また、ハイヒールなど、自分の足に不適切な靴をはき続けた結果、痛みが出る場合も多くあります。

痛みが出た場合は、足先にゆとりのあるシューズに変え、厚めのソックスや、衝撃吸収用のインソールで、クッション性を高めましょう。また、足底の横アーチを保つ足底装具も効果的。加えて、予防のためにも、なるべく歩幅の広いストライド走法は避けましょう。特に下り坂などでは歩幅が広いと、前足部に負担がかかります。

モルトン病の病態

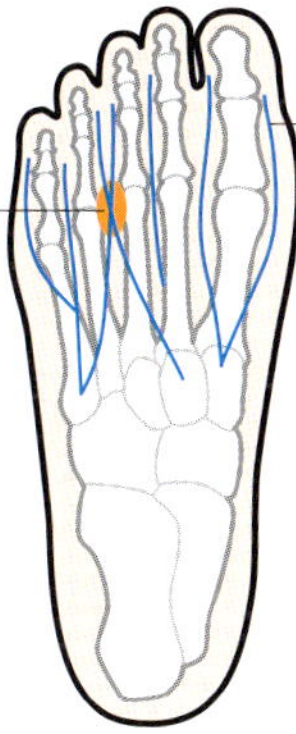

▸ モルトン病の起こる部位

足底に分布する知覚神経の複数本が、中指と薬指の間で合流。その部分は他の神経よりも太くなっているため、衝撃を受け続けることで痛みを生じる

CHECK !

市販の足底装具

足の横アーチが圧迫されて起こるモルトン病の対策として、横アーチをしっかり保つ構造のインソールをシューズに入れると効果的

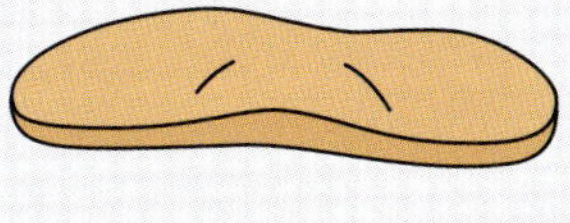

KARTE

12

【足の痛み】

親指のつけ根の突然の痛み

お悩み

ケガをした覚えもないのに**足の親指のつけ根が赤く腫れて激しく痛みます。**

診断

「痛風」の可能性があります。まずは血液検査を受けることをオススメします。

ケガをした覚えもないのに、足の親指のつけ根が赤く腫れ上がり、ひどく痛んで…そんな場合は、血液検査を行って下さい。尿酸が正常値よりも高ければ「痛風」と診断できます。〝風が吹くだけでも痛い〟という意味で、そう呼ばれています。これはランニングが原因で起こる病気ではなく、老廃物の一種である「尿酸」が結晶になって関節周囲に沈着し、関節炎を起こすものです。

　レバーや白子、ビールなど、尿酸の元になるプリン体が多く含まれる食べものを好む、肥満傾向の男性に多く見られます。痛みは足の親指のつけ根の関節に起こることがほとんどですが、足首やヒザなどに出ることもあります。

　ハードなトレーニングは、疲労物質である尿酸の生成を高めます。また、汗をたくさんかいて体内の水分が少なくなると、排泄される尿酸の量も減り、さらに尿酸値は上がります。また、走った後にビールなどを飲むと、利尿作用による体内の水分不足も加わり、翌朝に痛みが出ることも少なくありません。

　痛みがひどい場合は整形外科を受診して鎮痛剤を処方してもらいましょう。ただし、尿酸を下げる治療をしないと、また発作を繰り返します。プリン体が多く含まれている食物を取りすぎないように注意して、運動中は水をたくさん飲むように心がけましょう。

プリン体を多く含む食品

プリン体に要注意

イクラ、タラコなど魚卵や、肉、ビール、レバーなどは、通風の原因、尿酸を生むプリン体を多く含んでいるので、取りすぎに注意しよう

とにかく食事には気をつけよう

COLUMN + 01

やっかいな
足のマメやタコ、
どうしたらいいの？

足に合わないシューズで長時間走り込んだ時など、圧迫を強く受けた部分には、マメやタコができやすいもの。マメは、繰り返しの摩擦によって起こるやけどの一種。始めは皮膚が赤くなる程度で痛みも軽度ですが、そのまま走り続けると水泡ができてしまいます。その場合、よく消毒した上で清潔な針を刺し、中の水分を抜きましょう。皮ははがず、ばんそうこうでカバー。マメのできやすい部位にワセリンなど塗っておくと予防になります。また、5本指ソックスがマメ防止に効果的という人も。タコの除去には市販の専用ばんそうこうがお手軽です。

初期段階での適切な処置が大切

最近は、足の指やカカトなどにできるマメ、靴ズレ用のばんそうこうも。薄くて軟らかいクッションで保護し、痛みを和らげてくれる。また、タコやウオノメには、薬品の働きで硬く厚くなった皮膚を軟らかくし、簡単に取り除いてくれる専用商品もあるので、積極的に活用したい

第2章

ビギナーから上級者まで
何かと悩まされる

ヒザの痛み

ランナーのみならず、あらゆるスポーツにおいて
重要な役割を担うヒザ。
それだけに、その痛みも多種多様かつ
トラブルに悩む方も多いのではないでしょうか。
実際、ビギナー・ランナーをまず襲う
痛みであると同時に
走りこんでいる人もまた
悩まされるトラブルだと思います。
いずれにしても、持っている力以上のものを
引き出そうとしたときに起こる痛みといえます。

ドクター小山の解剖学

ヒザ編

ヒザは、**大腿骨**、**脛骨**、**膝蓋骨**《しつがいこつ》の三つの骨に加え、内側および外側の**側副靭帯**《そくふくしんたい》と前後の**十字靭帯**の四本の靭帯、そして関節の間にある**半月板**というクッションで構成されています。

骨と骨との間を**関節**といいますが、この部分の骨は、軟骨というクッションで覆われています。硬い骨ではなく文字通り軟らかく、この軟骨があるので、関節は**スムーズ**に動くことが出来るのです。表面は非常に滑らかで、磨かれたガラスよりも滑らかだとされています。また、軟骨の中に血管はなく、関節液の成分から栄養を受け取っています。

ヒザの骨の場合、正常時は大腿骨側に**4㎜**、脛骨側に**4㎜**の軟骨があるので、レントゲン写真を撮ると、骨と骨との間に約8㎜の隙間ができます。しかし、この軟骨は日々の使用により、徐々に摩耗してしまいます。軟骨が減るということは、クッションとしての機能が低下するということですから、体重をかけたときに痛みが出たり、負担がかかると炎症が起きて、関節液がたまりやすくなります。

したがって、物理的なストレスが多いアスリートや肥満の方などは、この関節の老化が人よりも早く訪れるため注意が必要です。

また、日本人は「がに股」、正確には「O脚」であるとか「内反膝」が多いので、関節の内側が外側と比べると早くすり減ってしまう傾向にあります。

自分の体形や運動量、またフォームによってヒザにかかる負担は大きく異なります。日頃から補強トレーニングやストレッチをしっかりと行い、大きなトラブルを未然に防ぎましょう。

ヒザの痛み解消ガイド

あなたの「痛み」はどれですか?

ここでは、5の悩みについて診断、
予防トレーニングとストレッチなどを紹介しています。
あなたが悩むトラブルはもちろん
その他のページもチェックしておきましょう。

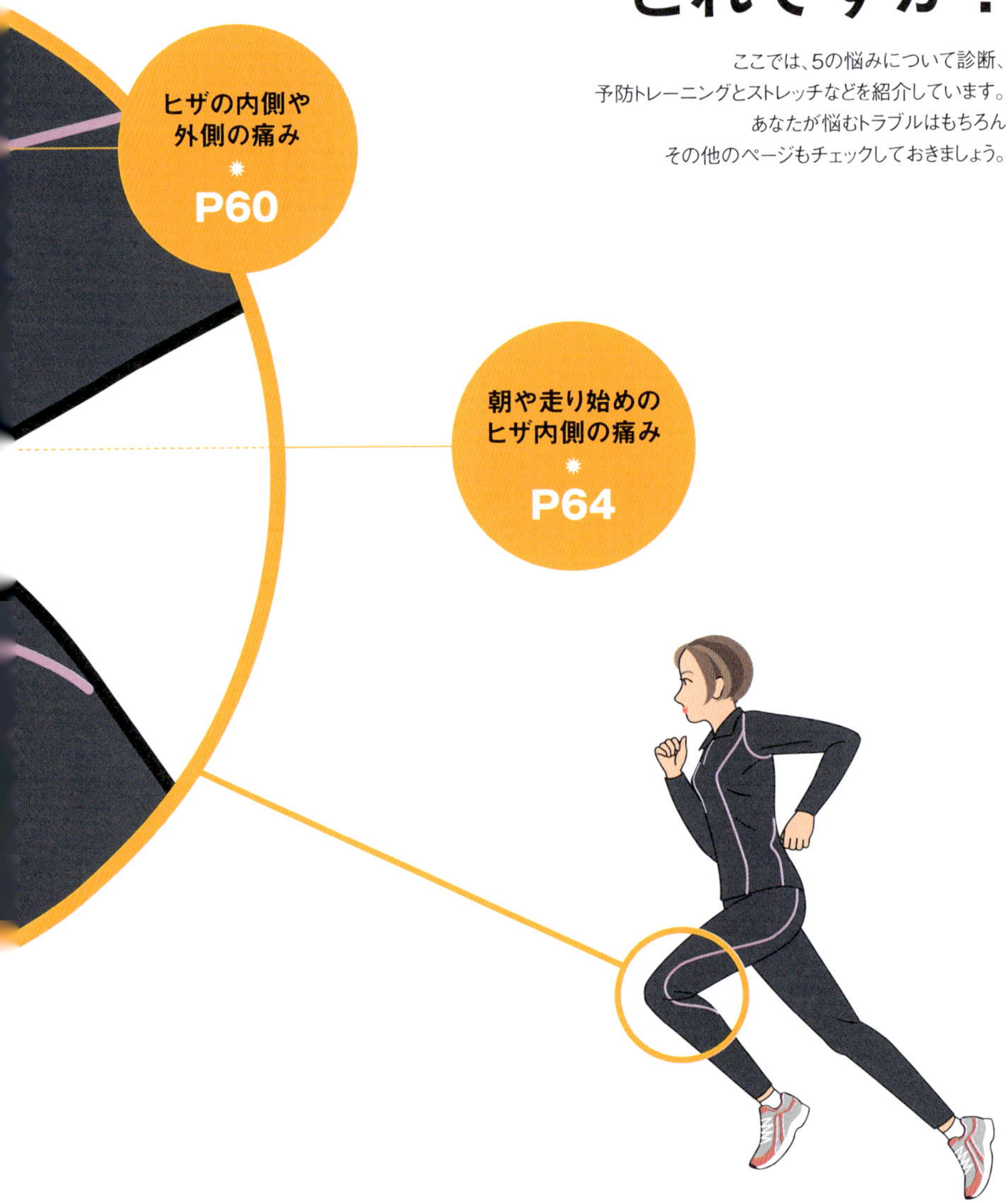

ヒザのお皿の裏側の痛み P56
ヒザのお皿の下の痛み P54
ヒザの内側の痛み P58

KARTE

13

【ヒザの痛み】

ヒザのお皿の下の痛み

お悩み

走っている時や、
走り終わってから、
**ヒザのお皿の
下が痛く
なります。**

診断

お皿の下の
**「膝蓋靭帯《しつがいじんたい》」が炎症を
起こしています。**
着地の衝撃を受けるため
大腿前面の筋肉を
ストレッチしましょう。

ランニングをはじめ、陸上スポーツのほとんどで、ヒザの曲げ伸ばし動作が必要とされます。ヒザを伸ばすためには、太ももの前面にある「大腿四頭筋」という筋肉が収縮して、ヒザ下の「脛骨」を引っ張ります。その途中に、いわゆるヒザのお皿「膝蓋骨」があり、テコの支点となって、ヒザを伸ばす動きの効率を高めてくれているわけです。そして、ヒザのお皿と脛骨を結ぶのが、「膝蓋靭帯」です。

運動前のストレッチが不足している人や、太ももの筋力が前と後ろでアンバランスだったり、不足している人などがランニングをする場合、膝蓋靭帯に必要以上に負担がかかってしまいます。それがそのうち炎症を起こし、痛みが生じます。これが「膝蓋靭帯炎」と呼ばれる症状です。

痛みの強い時期は安静にして、アイシングを行います。痛みがなくなるまで、ランニングは控えましょう。

予防としては、大腿四頭筋を鍛え、緊張を和らげるためのストレッチを十分に行いましょう。

痛みの強い時に強くストレッチしすぎると、膝蓋靭帯や靭帯の付属部へのストレスが増して、症状を悪化させることがあるので、ゆっくりと行うのがコツです。

予防のためのストレッチ

［ストレッチ］

大腿四頭筋のストレッチ

片手で足首を持ち、痛みのない範囲内で足を太もも後部に引きつける。ゆっくりと呼吸しながら30秒〜40秒ほどキープ

ココに効く!

大腿四頭筋

膝蓋靭帯炎の病態

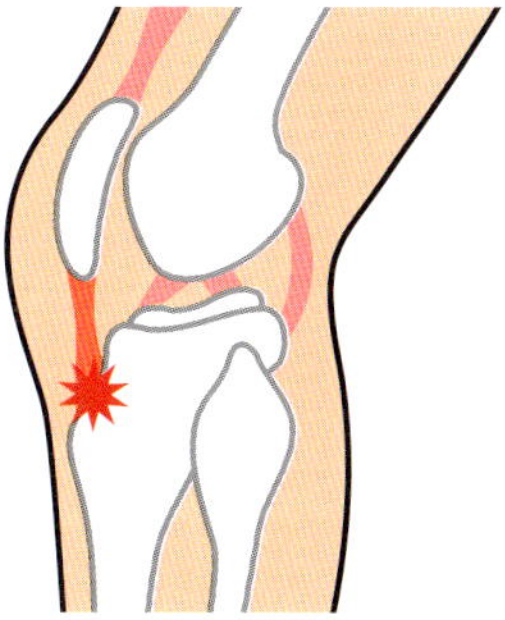

膝蓋靭帯炎

大腿四頭筋がストレッチ不足のまま、運動を続けるなど、膝蓋靭帯に必要以上に負担がかかると、そこに炎症を起こし、痛みが生じる

KARTE 14

【ヒザの痛み】

ヒザのお皿の裏側の痛み

お悩み

ヒザのお皿の裏側が痛く、
特に下り坂や、階段を降りる時に激しく痛みます。

診断

ヒザのお皿の裏にある軟骨が圧迫されて傷ついてしまう、**「膝《しつ》蓋《がい》軟《なん》骨《こつ》軟《なん》化《か》症《しょう》」が疑われます。**
痛む間はランニングを控えましょう。

主にX脚の人に起こりやすい症状で、ヒザのお皿（膝蓋骨）が正しい位置からズレてしまっているため、ヒザを曲げ伸ばしすると、お皿が大腿骨のでっぱり部分に当たり、ランニングでその圧迫が繰り返されると、お皿の裏の軟骨に亀裂が入ったり、軟らかくなったりして、運動時にヒザのお皿の裏に痛みを生じるのです。

この障害は「膝蓋軟骨軟化症」といい、坂道や階段などヒザに力が入る時に痛みが強くなります。患部を押すと痛く、お皿の骨と大腿骨があたると、ゴリゴリという音がすることもあります。

治療の原則は安静にすること。痛みがなくなったら、カルテ13で紹介した大腿四頭筋（太もも）やハムストリング（太ももの後ろ）のストレッチ・メニューなどを徐々に始めて下さい。ただし、負傷したヒザに負担のない範囲にして下さい。

予防のためには、ヒザのお皿の周囲を専用サポーターで保護したり、X脚やO脚などを矯正するテーピングや、シューズに矯正装具を入れるのも効果的です。

痛みがあるときはストレッチも控えましょう

予防のためのストレッチ

[ストレッチ] その1

▶ ハムストリングのストレッチ

腰くらいの高さのあるバーや椅子などに片足をかけ、上体を前に倒してハムストリングを痛みのない範囲内で伸ばす。ゆっくりと呼吸しながら、30秒～40秒キープ

ココに効く! ハムストリング

[ストレッチ] その2

▶ ハムストリングのストレッチ

両足を一直線上に並べて立ち、そのまま上体を前に曲げ、大腿筋からハムストリングを痛みのない範囲内で伸ばす。ゆっくりと呼吸しながら30秒～40秒キープ

ココに効く! ハムストリング

KARTE 15

【ヒザの痛み】

ヒザの内側の痛み

お悩み

ヒザの曲げ伸ばしをすると、**ヒザの内側が痛く、何かが挟まる**ような感じがします。

診断

お皿の裏側にある膜が炎症を起こす「タナ障害」の可能性があります。安静を続けても痛みがある場合は、整形外科で治療を受けましょう。

ヒザ関節の中には「滑膜」という膜状の組織があります。その滑膜にはいくつかのヒダがあり、このヒダが先天的に大きかったり、炎症などによって肥大した場合、大腿骨とヒザのお皿との間に挟み込まれ、痛みを感じることがあります。関節内に挟まったヒダが、棚のように見えることから、これを「タナ障害」と呼んでいます。

治療は、まずは安静にすること。ランニングも痛みがなくなるまで控えましょう。腫れや熱があれば、アイシングも効果的。痛みがなくなってきたら、予防のためにも、大腿四頭筋のストレッチや下記の筋力トレーニングを行いましょう。

ただし、症状が重くなると、損傷を受けたタナからの出血や、関節液が関節内に満たされることで、動きが制限されたり、筋力が低下する原因ともなります。そのような場合は注射器で血腫を吸引した方が早く治癒しますので、整形外科での受診をオススメします。

また、ランニングをしばらく控えても症状が治らない場合は、関節鏡を使って、タナを切除する手術をすることもあります。

タナ障害の起こる仕組み

▸ タナの肥大化が痛みの原因

タナは胎生期の名残とされ、多くの場合、何ら異常をもたらすことはない。ただしタナが先天的に大きかったり、打撲やねんざ、大腿四頭筋に疲れがたまるとヒザへの負担が増し、タナが肥大化して膝蓋骨と大腿骨の間に挟まれてしまうことで痛みが起きる

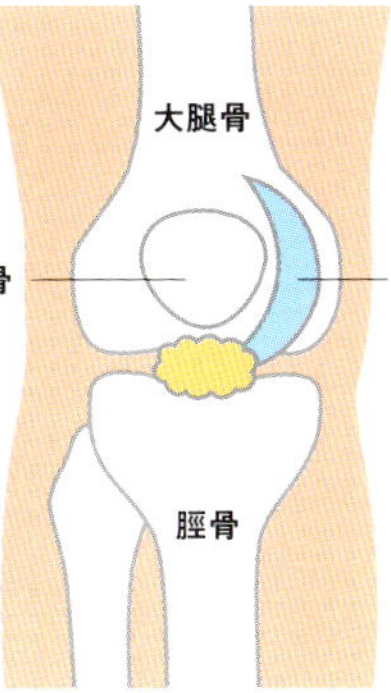

予防のためのトレーニング

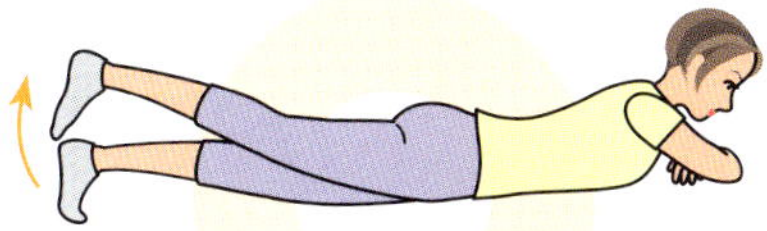

ココに効く! 大でん筋・ハムストリング

[トレーニング]

▸ リバース・レッグ・レイジング

うつ伏せの状態で、ゆっくりと息を吐きながら、足を床から20㎝くらいの高さまで上げ下げし、ハムストリングを鍛える。10～20回を目安に

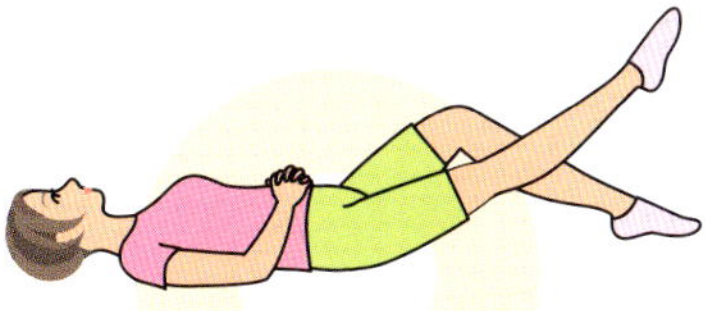

ココに効く! 大腿四頭筋

[トレーニング]

▸ レッグ・レイジング

仰向けになり、片足の膝を軽く曲げ、お腹の上で両手を組む。ゆっくりと息を吐きながらもう一方の足を床から20㎝ぐらいの高さまで上げ下げする。10回～20回が目安

KARTE 16

【ヒザの痛み】

ヒザの内側や外側の痛み

お悩み

下り坂や長距離を走った時、**ヒザの横が痛くなり**ます。

診断

ヒザの外側が痛むなら**腸脛靭帯炎《ちょうけいじんたいえん》、**ヒザの内側が痛むなら**鵞足炎《がそくえん》**が疑われます。いずれもヒザの横を通る腱や筋肉の炎症が原因です。

ヒザ痛の仕組み

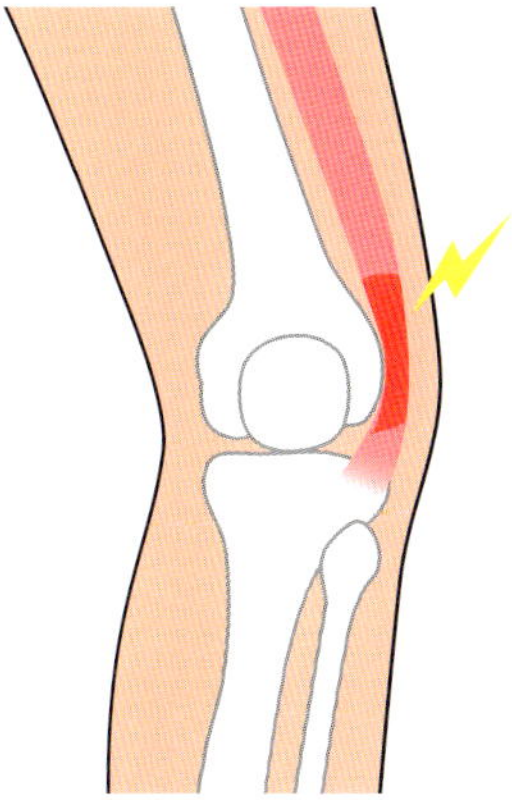

腸脛靭帯炎

ヒザを屈伸するたびに、ヒザの外側を通る腸脛靭帯が、大腿骨の太い部分と擦れ合い、炎症をひき起こす

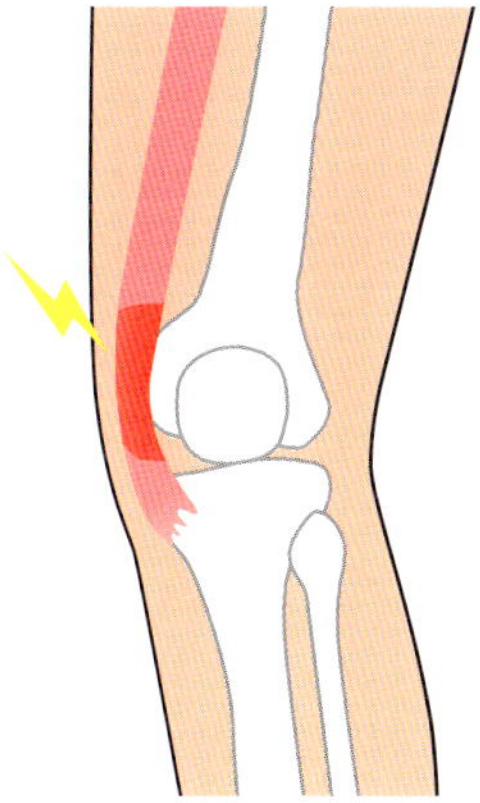

鵞足炎

太モモの裏側から、ヒザの内側を通る筋肉「鵞足」が、大腿骨の最も太い部分と擦れ合い、炎症を起こす

ランニングはヒザの屈伸を繰り返す運動です。ヒザの横を通る筋肉の腱は、屈伸のたびに大腿骨の一番太い部分とこすれ合いますが、それがランニングで過剰に繰り返されると、炎症が起こります。

痛みは2通りあり、ヒザの外側に起こるのが「腸脛靭帯炎」、内側は「鵞足炎」と呼ばれています。

腸脛靭帯炎は、骨盤から股関節、ヒザ関節を越えてスネの骨（脛骨）の外側につく「腸脛靭帯」が、大腿骨と擦れて、炎症を起こすものです。これはO脚気味の人に多い症状です。

立っている時は正常でも、走るとO脚気味になる人も同様です。シューズの底が、外側の方がより減っていないか、チェックしてみましょう。

一方、鵞足炎はX脚気味の人に多く見られます。ヒザの内側にある筋肉が大腿骨と触れ合って炎症を起こすもので、この筋肉の、骨にくっついている先端がガチョウ（鵞鳥）の足に似ていることから、「鵞足」と呼ばれています。

痛みが強い場合はアイシングをして安静にし、痛みがなくなるまではランニングをお休みしましょう。

痛みが治まり、ランニングを再開する時は、予防のためにも、走る前にしっかり次ページのようなストレッチを行い、腱や筋肉を柔軟にしておくことが大切です。また、小さな歩幅で走る方法も、腱の負担が軽くなります。

そのほか、ヒザを保護するサポート・タイツや、O脚X脚を修正するインソールを試してみるのもいいでしょう。

予防トレーニングとストレッチ

ヒザ周りの腱や筋を柔軟に保つことと同時に
関節自体の動きをスムーズにする「動きのトレーニング」も忘れずに！

［トレーニング］

ニー・ベント・ウォーキング

ヒザを90度に曲げ、腰を落とした姿勢でできるだけ歩幅を広げて前進する。20mほどの距離を1～5往復するのが目安

ココに効く！

ヒザ関節

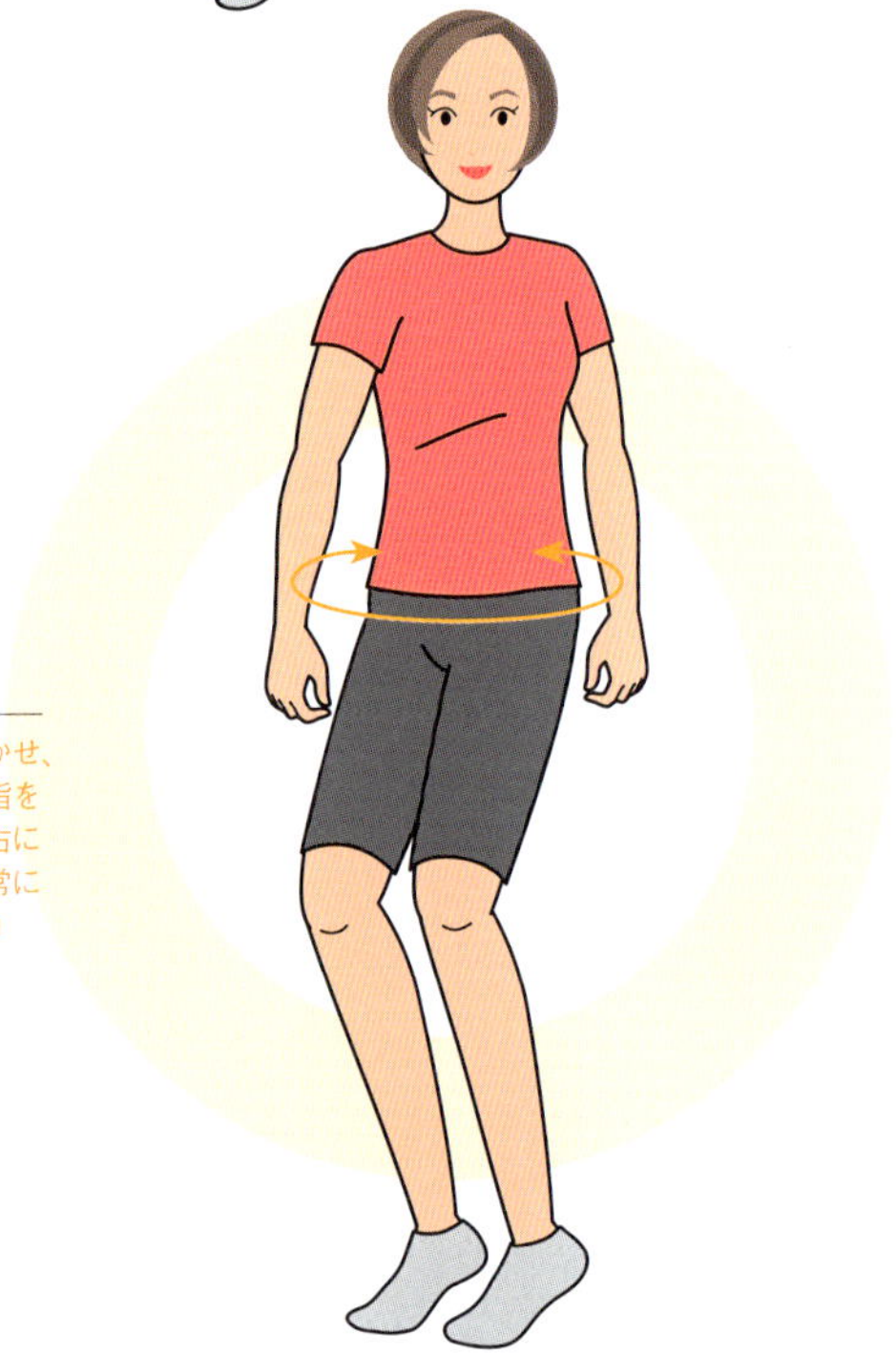

［トレーニング］

ツイスティング

軽く足を開き、カカトを浮かせ、ヒザを曲げて立つ。足の親指を軸にして、その場で腰を左右にひねる。ヒザと足の方向は常に一定にし、30回～50回行う

ココに効く！

ヒザ関節

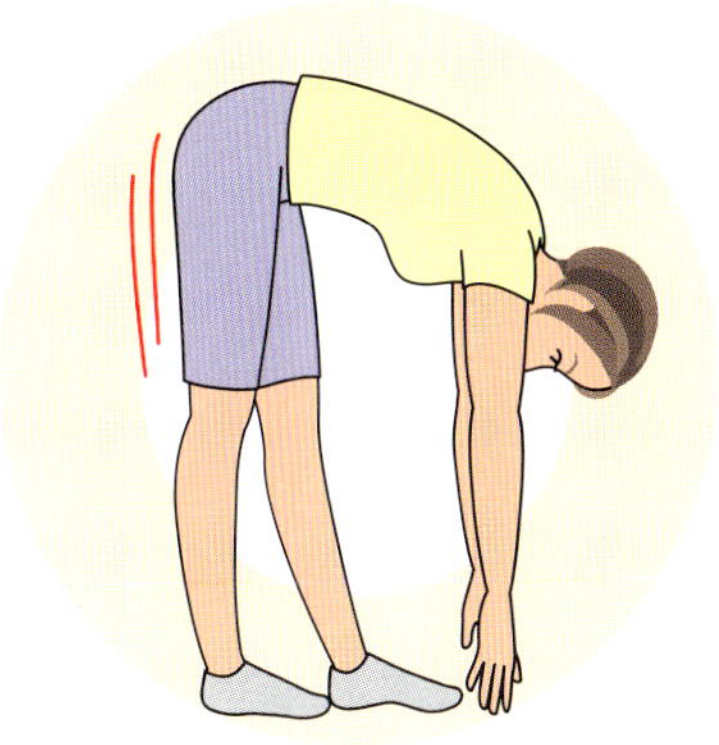

[ストレッチ]

鵞足炎を予防する大腿後面のストレッチ① その1

太モモ裏側の筋肉を伸ばし、鵞足の緊張を和らげるストレッチ。両足を一直線上に並べて立ち、そのまま上体をゆっくりと曲げる。そのまま30～40秒キープ

ココに効く!

ハムストリング

[ストレッチ]

鵞足炎を予防する大腿後面のストレッチ その2

太モモ裏側の筋肉を伸ばし、鵞足の緊張を和らげるストレッチ。腰ぐらいの高さのあるバーや椅子などに片足をかけ、上体をゆっくりと前に倒し、そのまま30～40秒キープ

ココに効く!

ハムストリング

[ストレッチ]

腸脛靭帯炎を予防するヒザ外側のストレッチ

腸脛靭帯の緊張を和らげるストレッチ。足を伸ばして座り、ヒザを曲げた状態で反対の足に交差させる。曲げた足の方向に体をゆっくりとひねり、そのまま30～40秒キープ

ココに効く!

大腿筋膜張筋
（腸脛靭帯に付着する筋肉）

KARTE 17

［ヒザの痛み］

朝や走り始めのヒザ内側の痛み

お悩み

50代をすぎたころから、**朝起きた時や、走り始めにヒザが痛む**ようになりました。

診断

老化とともに起こりやすくなる**「変形性ヒザ関節症」**です。ハードな走り込みなどは控え、ヒザの負担を減らす工夫をしましょう。

準備運動なしでいきなり走ったり、スピードを上げて走っていると、ヒザの内側が痛くなったり、走っているうちに痛みを感じなくなったかと思えば、再び痛みだしたり…。「変形性ヒザ関節症」は、中高年のランナーによく見られるもので、起床後、動き始めた時に痛むこともあります。

これは大腿骨と脛骨の表面を覆う、なめらかな関節軟骨が、年齢を重ねるごとに磨り減ってしまい、むき出しに近くなった骨に衝撃が加わるのが原因です。

特にO脚傾向の日本人には、ヒザ内側の軟骨が磨り減って起こる場合が多く、関節軟骨が磨耗すると、さらにO脚の程度が進行し、ますます内側の軟骨が磨耗するという悪循環につながってしまいます。

一度削れてしまった軟骨が再生することは難しく、関節面にかかるストレスを減らし、悪化を予防するためには、P59で紹介した、ヒザに負担をかけずにできる大腿四頭筋の筋力トレーニングがおすすめです。

この症状は老化とともに起こりやすくなるもので、ランニングが直接の原因になるわけではありませんが、もともとO脚やX脚など、ヒザ関節がアンバランスな人や肥満した人はランニングが、その症状の発生、悪化の原因になりかねません。

痛みを感じる場合は、ハードなランニングは控え、ヒザへの衝撃を抑える、底が厚めのシューズを使用しましょう。

また、O脚、X脚を矯正する専用装具をシューズに入れたり、ヒザサポーターなども、痛みをやわらげるのに効果的です。

CHECK！

ヒザの痛みを抑えてくれるサポーター

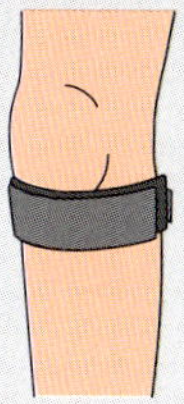

バンドタイプ

装着しやすい手軽なタイプ。膝蓋靭帯炎の予防になる

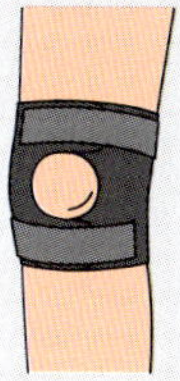

圧迫サポートタイプ

ヒザをぐるりと包み込むタイプ。適度な圧迫でヒザのお皿への負担を軽減してくれる

若年者と高齢者関節軟骨の違い

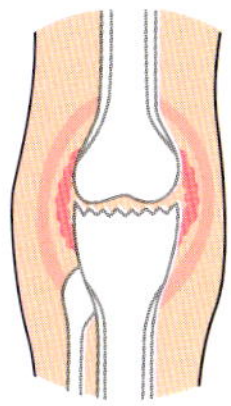

高齢者のヒザ

関節軟骨が磨り減ってしまい、むき出しに近くなった骨に衝撃が加わり痛みを起こす

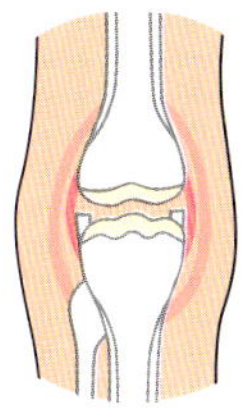

若年者のヒザ

関節軟骨があるために、関節がスムーズに動く

COLUMN + 02

ヒザへの負担、痛み軽減には サポート・タイツや サポーターも効果的です

↓

いわゆる「脚」の故障は、大別すると関節部と筋肉部に分けられます。フォームが定まらず、筋力も弱い初心者ランナーが、トレーニングや大会で痛めてしまうのは、そんな「脚」に集中しがち。そこで、積極的に活用したいのが、関節部や筋肉部のサポート機能を備えたタイツやサポーター。予防効果を期待するときは、程度に応じて選びます。関節の動きをサポートし、筋肉のブレを抑えてくれる機能タイツやサポーターは、故障の予防はもちろん、痛みの軽減や走行距離を延ばしたい、走り込みの時期などにもオススメのアイテムといえます。

自分に合った機能、サイズを選ぼう

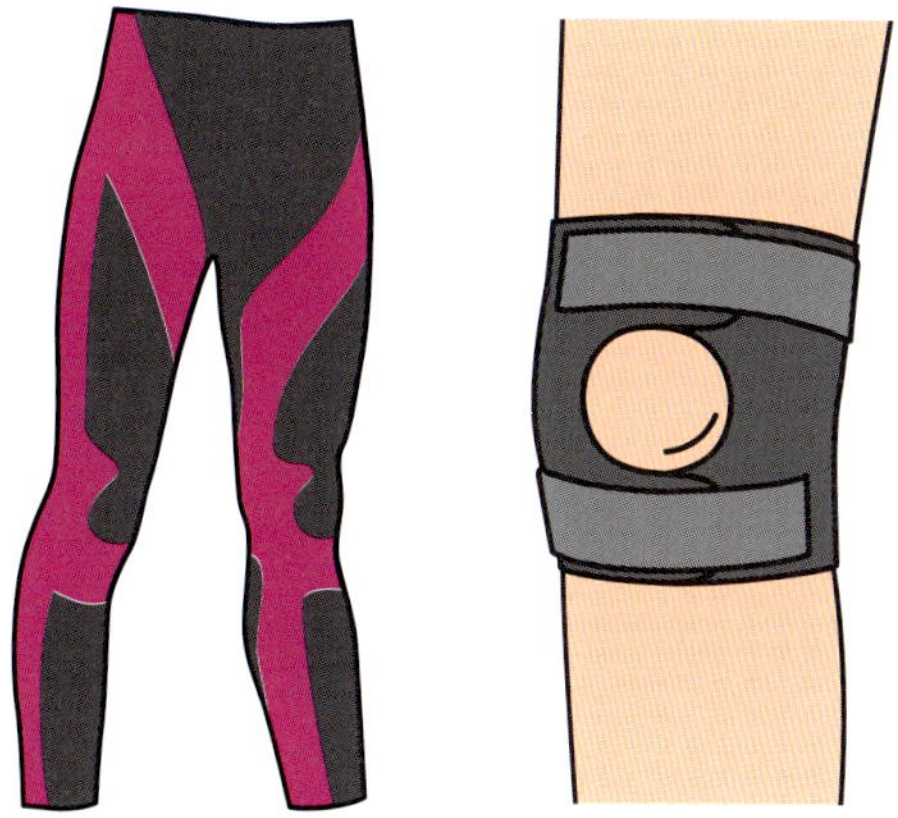

様々なタイプの商品が発売されており、
サイズ設定もまちまち。特に機能タイツ
などを購入する場合は、自分に必要な機
能なのかどうか、また自分に合ったサイ
ズかどうかを、しっかりチェックしよう

第3章

ふくらはぎ 太もも

「脚」を知れば走りがもっと楽しくなる!?

股関節の痛み

大腿四頭筋やハムストリング、大でん筋といった
とても大きく、下肢の動き作りや運動能力に
大きく影響するこれらの筋肉。
そして、そんな下腿、下肢の動きを支える
股関節も含め、スポーツをする上で
とても重要なパート。正しい処置と予防で
大きなトラブルを未然に防ぎましょう。

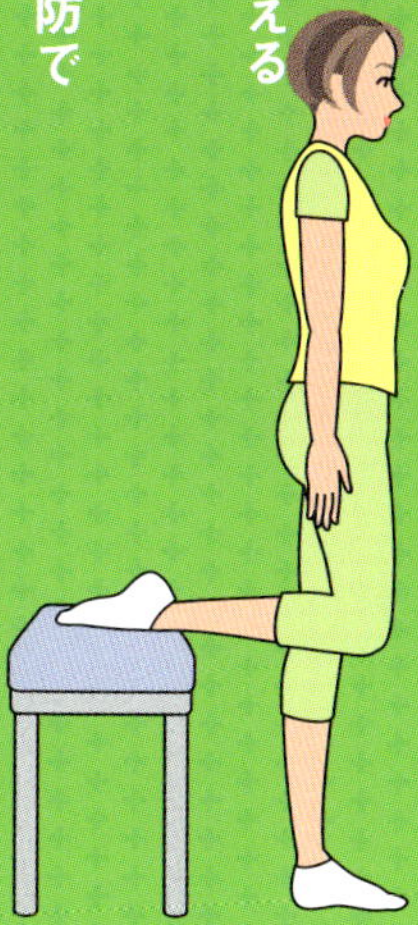

ドクター小山の痛みの話

ふくらはぎ、太もも、股関節編

骨盤は人間の体の中で、一番大きな骨です。腰椎《ようつい》の下にある仙骨《せんこつ》と仙骨の両側にある腸骨《ちょうこつ》。そして腸骨から前方へ伸びる恥骨、腸骨から下方へ伸びる坐骨により構成されています。仙骨と腸骨との間には、**仙腸関節**《せんちょうかんせつ》という、ほとんど**可動性のない関節**があります。左右の恥骨は、恥骨結合という結合部分があり、中央で付着しています。

腸骨、恥骨、坐骨の境界の部分に、**臼蓋**《きゅうがい》という窪みがあり、そこに**大腿骨頭**が入り込み、股関節を形成しているのです。

太ももの中心には大腿骨があり、厚い筋肉に囲まれています。この**厚い筋肉**が、主にヒザを伸ばす時に働く**大腿四頭筋**とヒザを曲げる時に働く**ハムストリング**（大腿二頭筋、半腱様筋、半膜様筋など）です。

そして、そんな大腿部とヒザ関節を通してつながる下腿部には、体重を支える**脛骨**という太い骨と、その外側にある**腓骨**の2本の骨があり、足関節や足趾を動かすための多くの筋肉が付着しています。大腿部も下腿部も、こうした骨や筋膜といった組織で囲まれたいくつかの**コンパートメント**があり、この区画内には筋肉や血管、神経などが含まれています。そのため、内出血や筋の酷使によってコンパートメント内圧が上がると、虚血《きょけつ》による**筋肉痛**や**末梢のしびれ**などの**コンパートメント症候群**を起こすことがあるので注意が必要です。

いずれも、ランニングにかかわらずスポーツをする上で、非常に重要な機能を備えた部位。トレーニングのみならず、しっかりと**ケア**するようにしましょう。

ふくらはぎ、太腿、股関節の痛み解消ガイド

あなたの「痛み」はどれですか?

ここでは、11の悩みについて診断、
予防トレーニングとストレッチなどを紹介しています。
あなたが悩むトラブルはもちろん
その他のページもチェックしておきましょう。

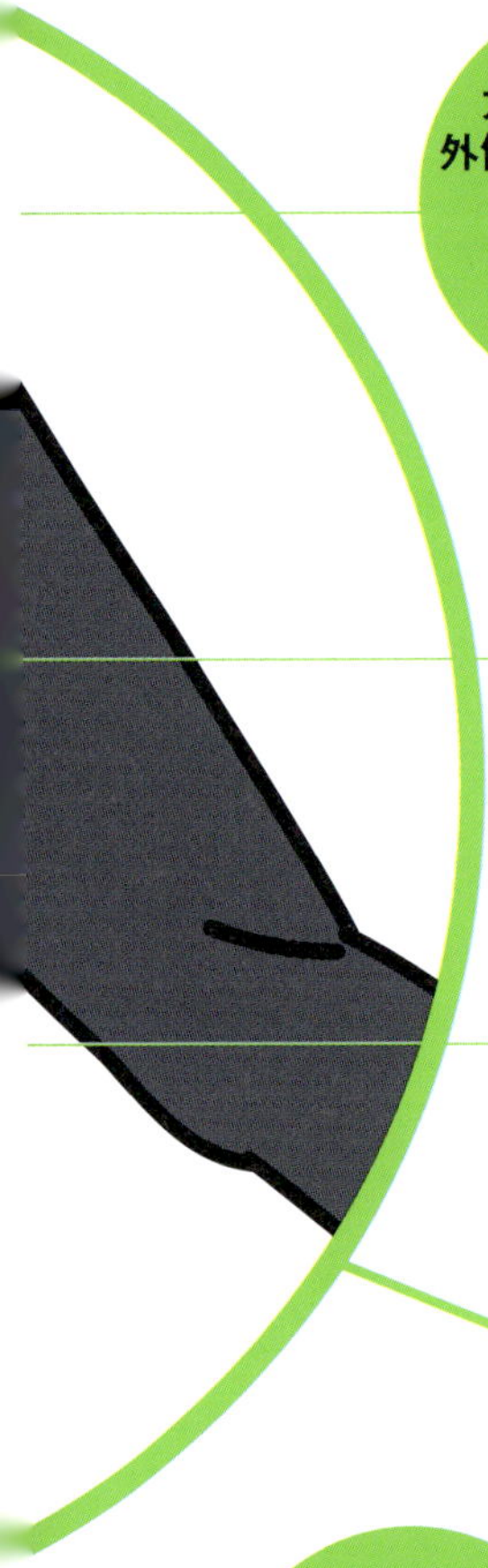

太ももつけ根の外側、骨の出っ張った部分の痛み
P92

太ももつけ根の痛み
P94

アキレス腱の突然の痛み
P84

アキレス腱周囲の痛み
P82

骨盤の
外側の痛み
P86
股関節
つけ根の痛み
P90
脚のつけ根から
恥骨にかけての
痛み
P96
太もも裏の激痛
P88
ふくらはぎがつる
P78
スネの骨の
内側の痛み
P74
ふくらはぎや
スネの張りや痛み
P80

KARTE

18

［ふくらはぎ、太もも、股関節］

スネの骨の内側の痛み

お悩み

走る距離を増やしてみたのですが、スネの骨の内側に痛みが走るようになりました。

診断

筋肉の収縮により、筋肉が付着する骨膜が引っ張られ、炎症が起こっていると思われます。痛みがひどい場合運動を控えましょう。

典型的な「シンスプリント」（脛骨《けいこつ》過労性《かろうせい》骨膜炎《こつまくえん》）の症状です。特に、走る距離を大幅に増やした時などに発症する傾向があります。

ヒザから下の下腿部分には、体重を支える脛骨とその外側にある腓骨という2本の骨があります。このうちの脛骨には後脛骨筋という筋肉が付着しており、ランニング時に収縮を繰り返します。この後脛骨筋が収縮する時に、骨とのつなぎ目である骨膜を強く引っ張ることで、骨膜に炎症が起こってしまうのです。

原因は走りすぎによる疲労の他、ストレッチ不足も考えられますし、路面の硬さやシューズのクッション不足もあるでしょう。走っている時に痛みを感じたら、ペース・ダウンして下さい。ランニングの後はアイシングを。20～30分冷やし、20～30分休み、また冷やすというサイクルを何度か繰り返します。

強い痛みを感じる場合は、運動を控えて安静にします。軽い痛みであれば、翌日からは少しペースを落とすこと。その際、シューズをよりクッション性の高いものに換え、フォームも見直したいところです。歩幅を小さくして上下動を抑え、脛骨に路面からの衝撃が伝わりにくい走り方に変えていきましょう。

そして予防のために、日頃から次ページで紹介するストレッチとトレーニングを必ず行って下さい。

シンスプリントの病態

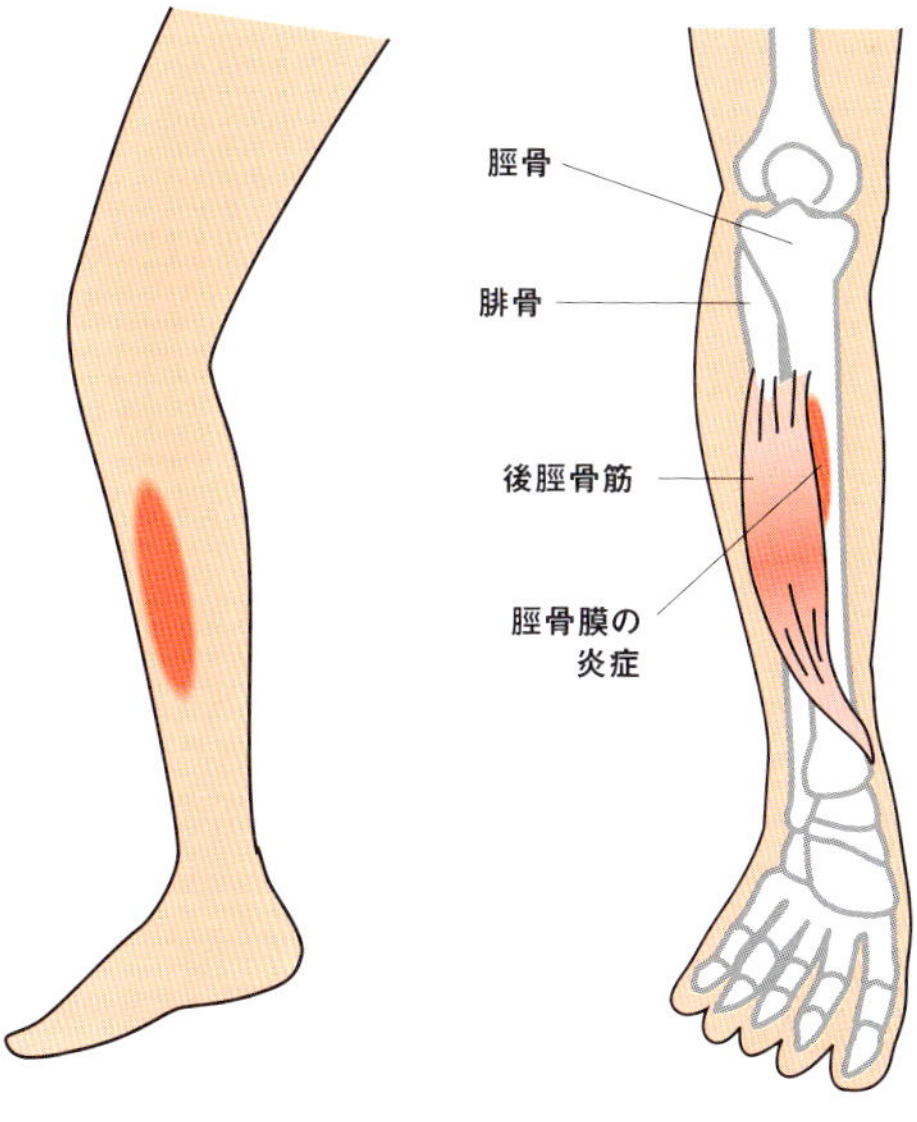

シンスプリントが発生する場所

脛骨につながった後脛骨筋の収縮により骨膜が炎症を起こし、下腿内側の中央部分に痛みが生じる

予防トレーニングとストレッチ

シンスプリントに悩まずともこういった基礎的なワークアウトは
トレーニング前後で積極的に取り入れるようにしましょう。

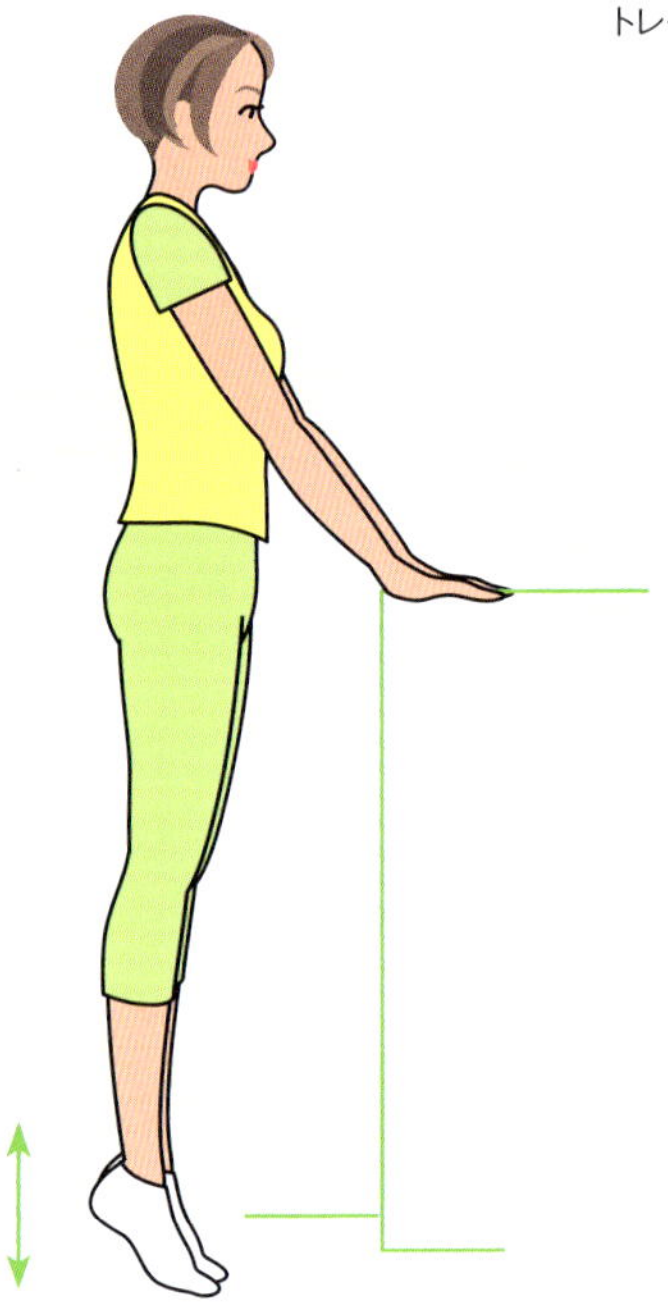

[トレーニング]

下腿三頭筋のトレーニング

壁や机などにつかまり、両足でカカトの上げ下げを10〜30回、ゆっくりと行う。楽にできるようになったら、片足ずつ交互に行うといい

ココに効く!
下腿三頭筋

[トレーニング]

前脛骨筋のトレーニング

仰向けになり、ヒザを曲げて足を台の上に載せる。足の甲にチューブをかけ、足を手前に曲げることで後脛骨筋を強化。10〜30回行うといい

ココに効く! 前脛骨筋

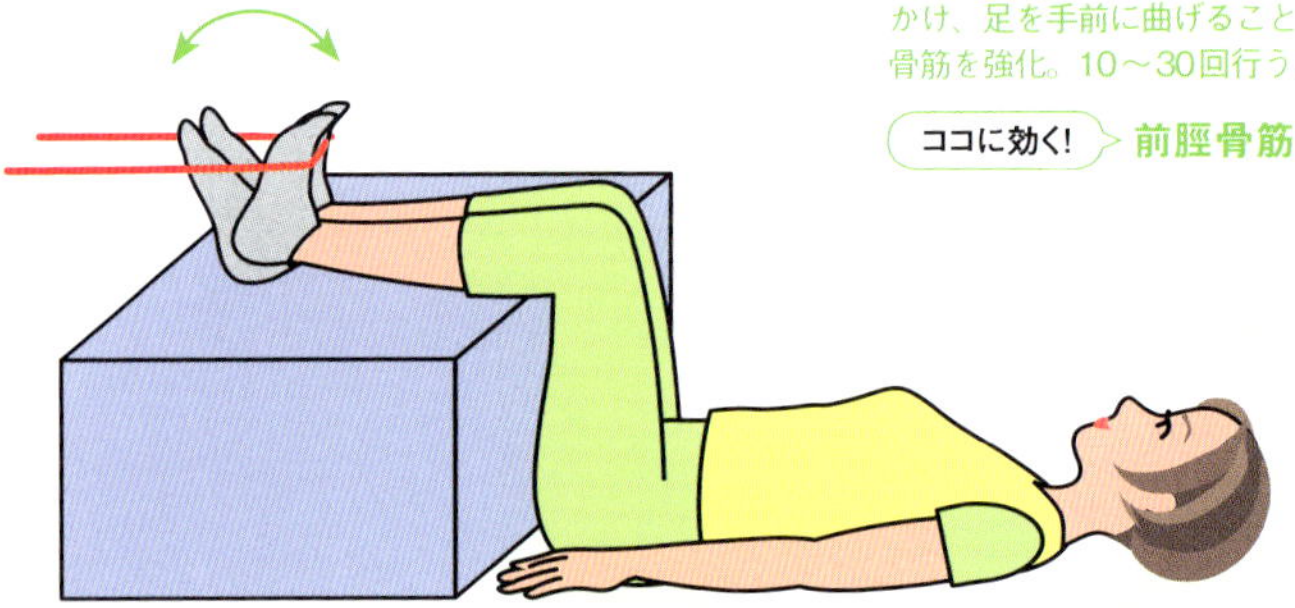

[ストレッチ]

下腿三頭筋のストレッチング

壁などに手を着き、ゆっくりと息を吐きながらふくらはぎを十分に伸ばす。痛みのない範囲で、片足につき30～40秒ほど伸ばしたままキープ

ココに効く!

下腿三頭筋

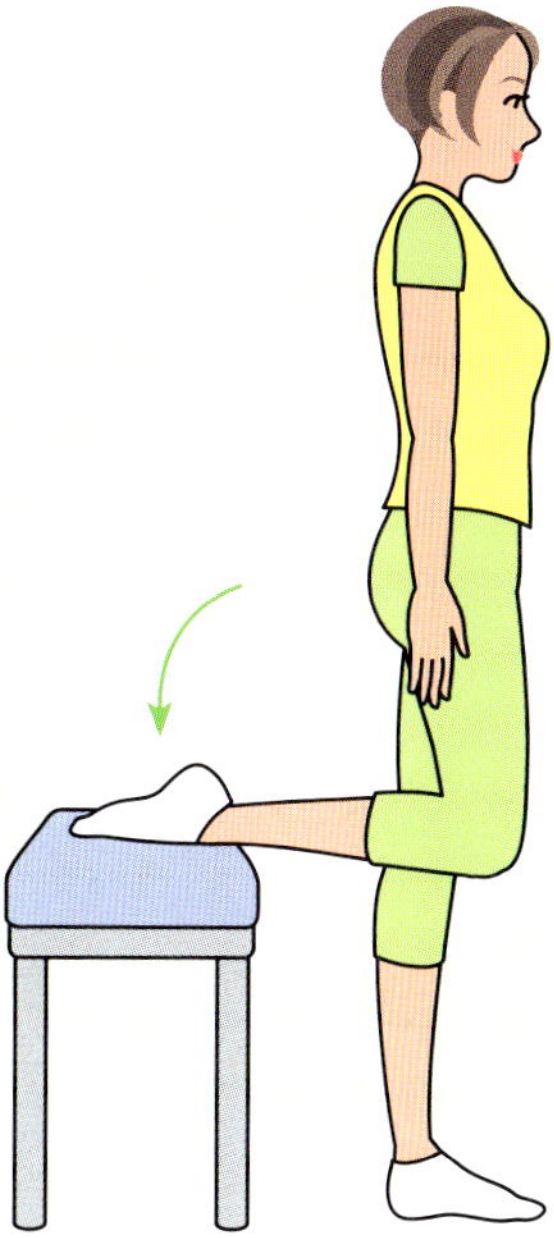

[ストレッチ]

前脛骨筋のストレッチング

腰より低い台などに足の甲を当てて腰を落とし、ゆっくりと呼吸しながら、痛みのない範囲でスネを最大限に伸ばした状態を30～40秒間キープする

ココに効く!

前脛骨筋

KARTE 19

［ふくらはぎ、太もも、股関節］

ふくらはぎがつる

お悩み

走っていたら、突然ふくらはぎがつって、とても痛い！

診断

「こむらがえり」を起こしたのでしょう。その場の応急処置で解消できます。予防方法もしっかり覚え、未然に防げるようにしましょう。

「こむらがえり」を起こしてしまったら、腰を下ろして脚を伸ばし、ツマ先を軽く手前へ引っ張って、ふくらはぎの筋肉を伸ばして下さい。勢いよくやると肉離れを起こしてしまうこともあるので、ゆっくりと行いましょう。痛みが引いたら、足を温め、ふくらはぎに沿って、下から上へ、軽く揉みほぐすようにマッサージをして下さい。

ただし、痛みが激しい場合は、肉離れを起こしている可能性があります。その際は、筋肉を伸ばすと組織がさらに傷んでしまうことになるので、無理に動かさないで、整形外科医に診てもらうようにしましょう。

こむらがえりの原因は、筋肉の強度や柔軟性の不足と運動のしすぎによる疲労です。また、運動中の発汗により、カリウムやナトリウムなどの電解質のバランスが崩れ、それによる神経系の反射異常が、こむらがえりやけいれんを起こす場合があります。運動中には電解質を含んだ水分（スポーツ・ドリンクなど）をマメに補給するよう心がけましょう。

痛みが激しい場合
肉離れの可能性も!
無理なストレッチは
禁物です

応急処置とマッサージ

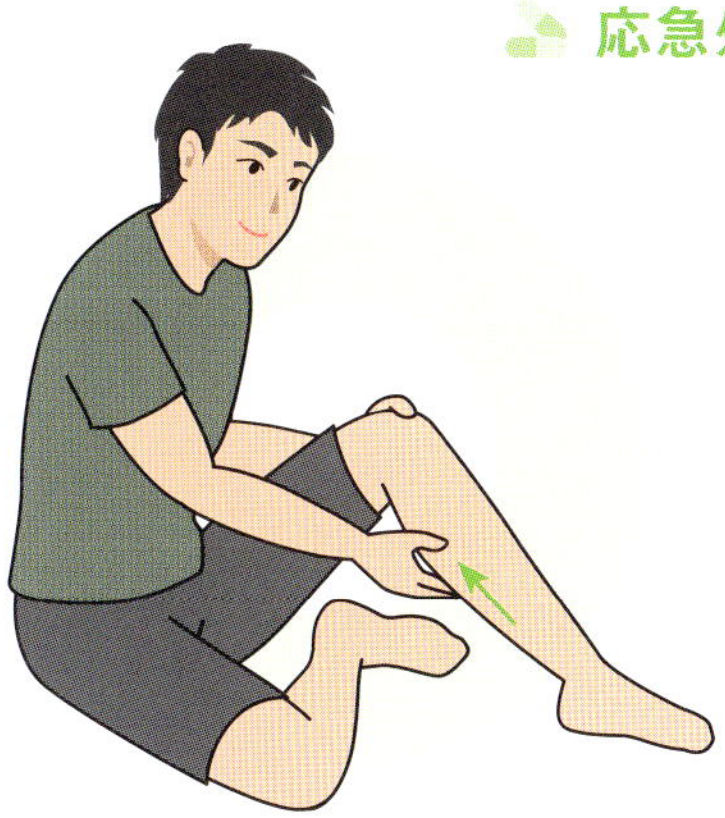

▶ こむらがえり時のマッサージ

マッサージは、患部を温めてから、指の腹で優しく揉むように。下から上へ行うのがポイント

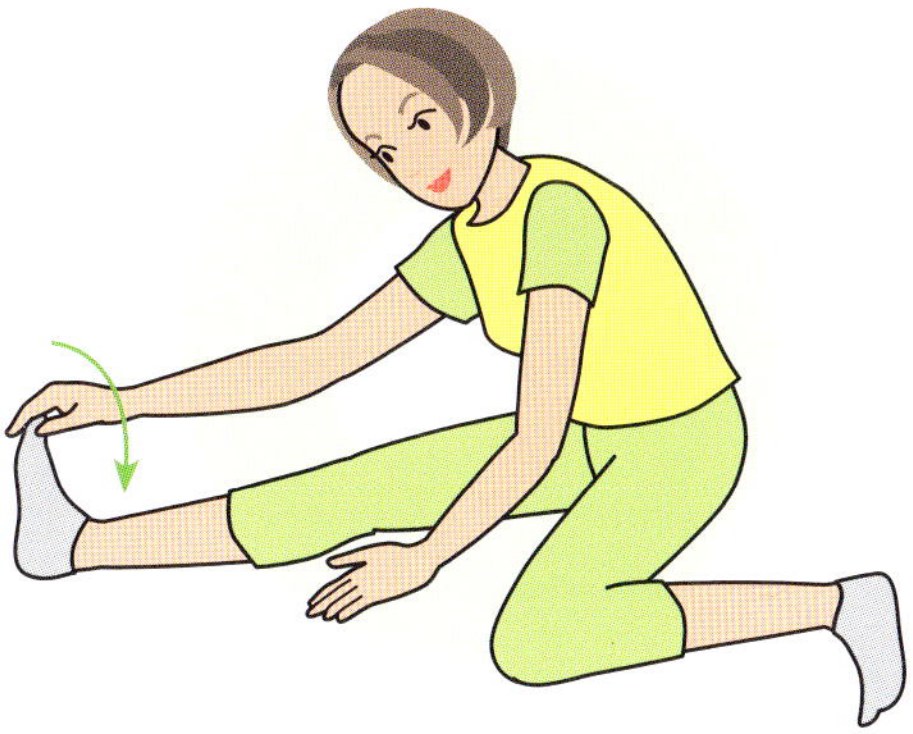

▶ こむらがえりの応急処置

こむらがえりを起こしたら、まずは座って脚を伸ばし、つま先を軽く手前に引っ張ってふくらはぎを伸ばそう

KARTE 20

［ふくらはぎ、太もも、股関節］

ふくらはぎやスネの張りや痛み

お悩み

走っている最中、ふくらはぎの張りとスネの痛み、足の甲から指にかけてのしびれを感じました。

診断

おそらく「コンパートメント症候群」だと思われますのでしっかりとアイシングを。慢性的に痛みが起こる場合は、整形外科医に相談して下さい。

ある程度走り込んで、疲労した状態で起こりやすい症状です。下腿の筋肉は、脛骨と腓骨という二つの骨と骨間膜などの硬い組織により、前部、腓骨、深後部、浅後部という四つのコンパートメント(区画)に区切られています。筋肉は使うことで、内部に血液が流れ肥大化します。それによりコンパートメントの内圧が高まり、神経や毛細血管が圧迫されることで、しびれや痛みが生じるわけです。

ちなみにこのお悩みのように、ふくらはぎが張る場合もありますし、スネが張る場合もあることを知っておきましょう。どこのコンパートメントが圧迫されるかによって、張りの出る場所は変わります。また、コンパートメント症候群は急性と慢性の二つのタイプがありますが、急性は打撲や骨折によるもの。ランニング中に生じる痛み、しびれの多くは過労により慢性的に筋肉の内圧が高まっているのが原因と考えられます。

痛みを感じた時は、まずランニングを中止、もしくは走るスピードを落とします。そして自宅に帰ってからは、足を高く上げた状態でしっかりとアイシングを行います。

再発を防ぐためには、前脛骨筋とふくらはぎのストレッチを行っておくことが大事です。それでも慢性的に症状が繰り返されるようであれば、整形外科医に相談して下さい。

予防トレーニングとストレッチ

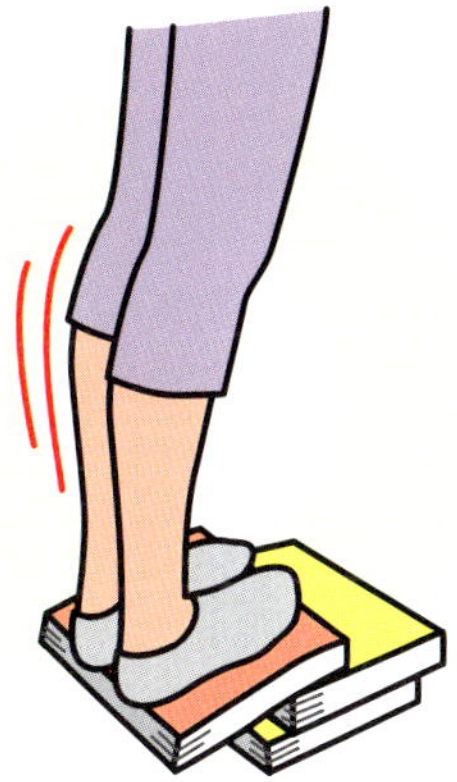

[トレーニング]

下腿三頭筋のストレッチ

電話帳や雑誌を重ねて作った傾斜の上に立ち、ゆっくりと呼吸しながらふくらはぎを伸ばす。痛みのない状態で最大限に伸ばした状態を30～40秒間保持する

ココに効く! 下腿三頭筋

ふくらはぎの周辺の筋肉

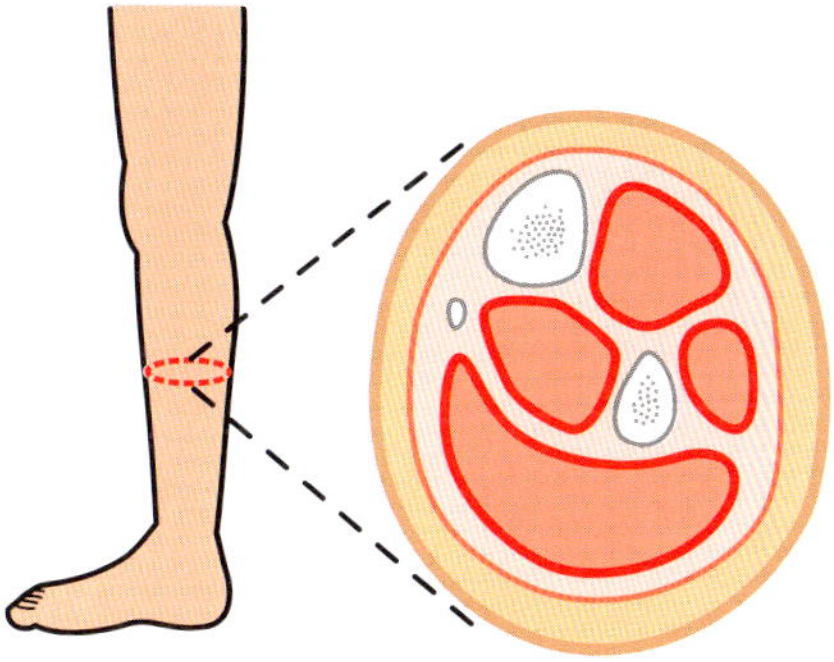

筋肉の腫れが痛みの原因

下腿の筋肉は、骨や骨間膜などによって四つのコンパートメント(区画)に分かれている。過労による筋肉の腫れ(肥大化)によりコンパートメントが内側から圧迫されることで、痛みが生じる

KARTE 21

【ふくらはぎ、太もも、股関節】

アキレス腱周囲の痛み

お悩み

地面を蹴る時や、ジャンプをする時に、**アキレス腱の周りが痛くなります。**

↓

診断

アキレス腱の周囲に炎症を起こしている可能性があります。アイシングで応急処置をし、しばらくはランニングを控えましょう。

ランニングやジャンプなどの動作を繰り返し行っていると、アキレス腱の周囲に炎症を起こし、鈍い痛みを感じることがあります。

この痛みは、急に走る距離を延ばした場合など、下腿部への負荷が突然大きくなった時に、起こりやすくなります。

中でも扁平足気味の人や、筋力が弱い人などは、着地時のアキレス腱への衝撃が大きく、この症状が出やすいため、いっそうの注意が必要です。

痛みが出た場合、まずはアイシングで炎症を抑え、痛みが引くまで安静にしてください。できれば、しばらくの間はランニングもお休みして下さい。予防法としては、P81でも紹介した下腿三頭筋のストレッチがオススメです。ランニングの前後に行うようにしましょう。

痛みが出たときの応急処置

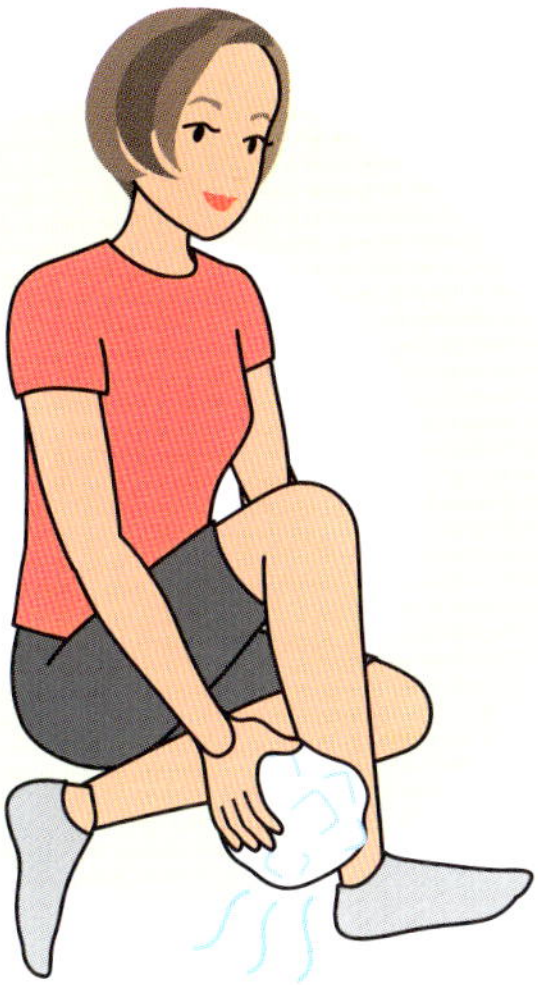

アキレス腱のアイシング

患部を20〜30分冷やす。40分ほど休み、同様のことを2、3回繰り返す。氷のうには氷だけではなく、水も入れる

CHECK !

着地の衝撃を緩和する足底装具

ヒール・カップやインソールなどの足底装具の使用も、アキレス腱へのストレス軽減に効果的

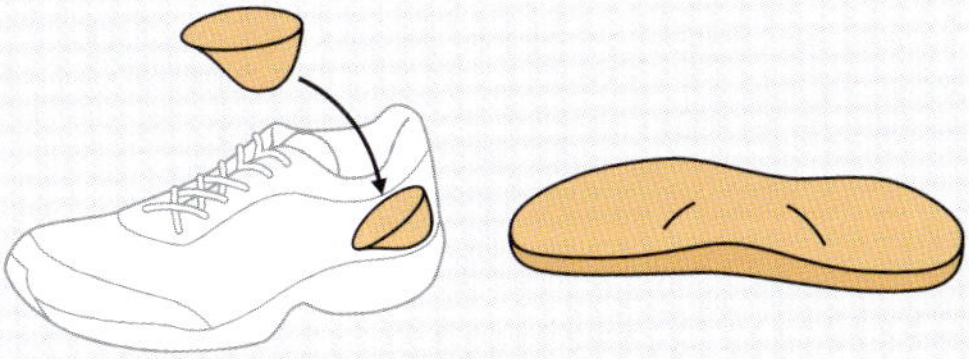

KARTE 22

【ふくらはぎ、太もも、股関節】

アキレス腱の突然の痛み

お悩み

突然アキレス腱に何かがぶつかったような衝撃が走り、足首に力が入りません。

診断

アキレス腱が断裂している可能性があります。すぐに専門医に相談して下さい。

ア キレス腱は下腿三頭筋の末端部分で、踵骨に付着しています。中高年になると、ここの組織に老化による変化が起こり、〝空胞〟と呼ばれるすき間ができる場合があります。この状態で急に激しい運動をすると、アキレス腱を断裂する危険性が高まります。この組織の変化は、見た目では分からないので、ランニング前には予防のために十分ストレッチを。

もし、断裂した場合は、整形外科を受診して下さい。治療には、手術により腱を縫合する方法と、ギプスで固定し、腱の修復を待つ方法とがあります。それぞれ長所と短所がありますので、受診した医療機関で相談して下さい。

アキレス腱周りの構造

整形外科医による治療が必要です

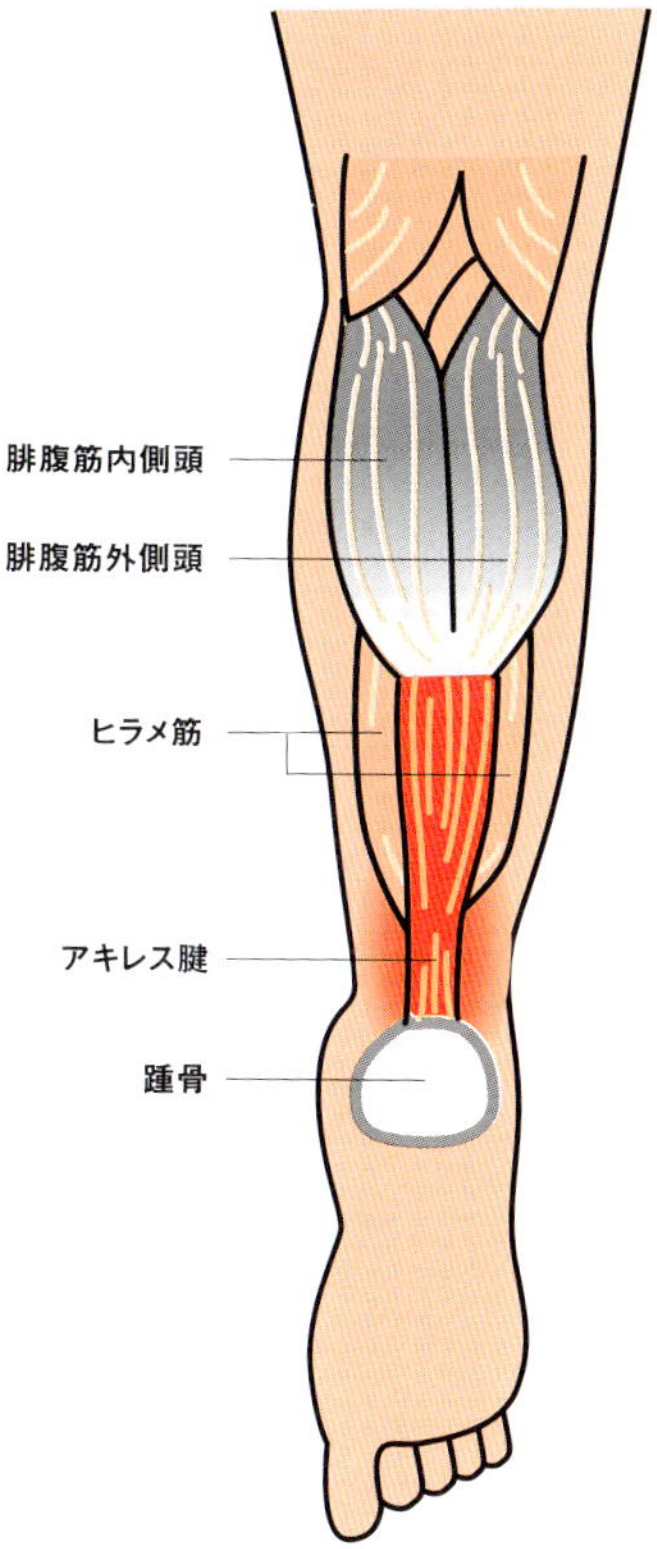

▸ 下腿三頭筋を束ねる腱

アキレス腱は下腿三頭筋（腓腹筋内側頭、腓腹筋外側頭、ヒラメ筋）の末端部分で、踵骨に付着している

KARTE 23

【ふくらはぎ、太もも、股関節】

骨盤の外側の痛み

お悩み

全力ダッシュをした後、
骨盤の外側が
急に痛くなりました。

診断

上《じょう》前《ぜん》腸《ちょう》骨《こつ》棘《きょく》剥《はく》離《り》骨《こっ》折《せつ》
かもしれません。
レントゲン撮影で
骨の状態を検査
することを
オススメします。

14、15歳ぐらいまでの、骨の成長がまだ不十分な時期に起こりやすい症状です。

骨盤には太ももの大きな筋肉がついている突起部がいくつかあり、お腹の両サイドに小さく出っぱった部分（上前腸骨棘《じょうぜんきょうこっきょく》）には、股関節を曲げる縫工筋《ほうこうきん》と、大腿筋膜張筋《だいたいきんまくちょうきん》の腱が付着しています。

成長期に、短距離走のスタート・ダッシュやハードルの着地、サッカーでキックを繰り返すなど、大腿部の筋肉に大きな力が加わると、筋肉の付着部が骨とともにはがれてしまうことがあります。これを「上前腸骨棘裂離骨折」といいます。

発症直後から痛みが生じ、押すと強く痛んだり、股関節を曲げたり、伸ばしたりしても痛みます。

大きく骨がはがれた場合は、手術も必要です。程度が軽い場合は、はがれた筋肉に負担をかけず安静にすることで、6週間ほどで運動を再開出来る可能性が高いです。

安静時の就寝中は脚の下に枕などを入れて、脚を軽く上げた状態にするとよいでしょう。

予防には、太腿の前面や外側にある筋肉群のストレッチがオススメです。ただし、発症直後には逆効果です。痛みが軽快してから、チューブ・トレーニングや筋肉に負担の少ないアイソメトリック・トレーニングで患部周辺の筋肉を強化しましょう。

予防のためのストレッチ

[ストレッチ]

大腿前筋の筋肉ストレッチ

片足を、カカトがお尻につくぐらいまで折り曲げる。痛みのない範囲で最大限に伸ばした状態を、ゆっくりと呼吸しながら30～40秒キープ

ココに効く！　大腿四頭筋

上前腸骨棘剥離骨折の病態

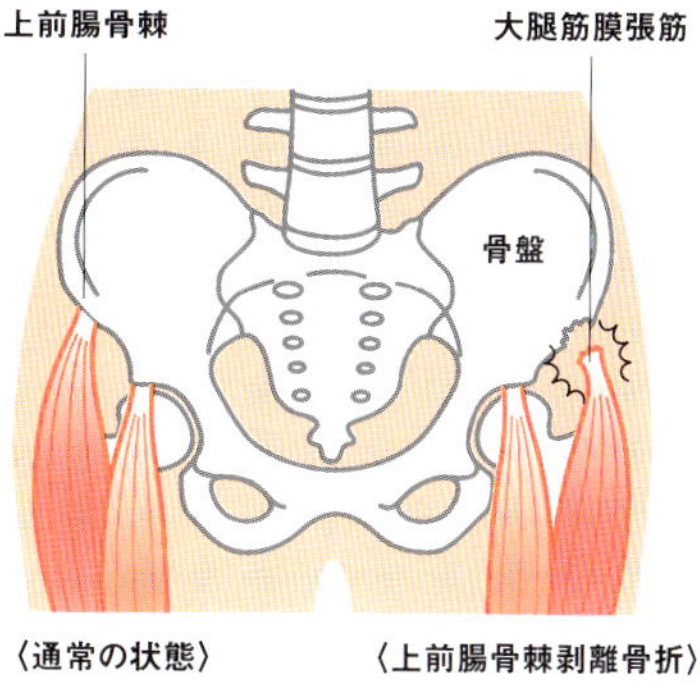

[ストレッチ]

大腿外側の筋肉群のストレッチ

足を伸ばして床に座る。ヒザを曲げた状態で反対の足に交差させ、体をひねる。痛みのない範囲で最大限に伸ばし、ゆっくりと呼吸しながら30～40秒キープ

ココに効く！　大腿筋膜張筋

KARTE

24

［ふくらはぎ、太もも、股関節］

太もも裏の激痛

お悩み

レースを控え、走るスピードを上げてみたら、突然、太ももの裏に激しい痛みを覚えました。

診断

ハムストリングが肉離れを起こしていると思われます。アイシングと治療を行ってから、筋力と柔軟性をつけましょう。

ハムストリングの肉離れは短距離走など、瞬発力系の競技を行う人に多いケガ。ランニング中、全力でスパートしたり、下り坂でスピードが出た時などに起こりやすく、運動不足や肥満気味の人が、ダッシュなどで筋肉の能力以上の負荷をかけることも原因になります。

　太ももは前部に大腿四頭筋、後部にハムストリングという筋肉があり、それらは一方が収縮するともう一方が弛緩するといったように、常に連動して動いています。瞬発力系の運動を行う場合、大腿四頭筋1に対してハムストリング0・6～0・7ぐらいの筋力比が理想。しかし持久系の運動をする人の場合、ハムストリングの筋力が0・4～0・5ぐらいのこともあります。そういった人が強い負荷をかけて走った場合、筋力の強い大腿四頭筋にハムストリングが引っ張られ、肉離れが起こりやすくなります。つまり多くの場合、ハムストリングの筋力と柔軟性の不足が原因。下の予防のストレッチとトレーニングをしっかりと行っておきましょう。気温が低い時や、走り始めの体が十分温まっていない状態の時は、特に注意を。

　それでも運悪く肉離れが起こったら、走るのをやめアイシングします。その後一週間ほど安静にして、生活に支障がなくなったら、ストレッチをして徐々に柔軟性を高めて下さい。

予防トレーニングとストレッチ

［トレーニング］

ハムストリングのトレーニング

うつ伏せの状態でゆっくりと息を吐きながら、足を床から20㎝ぐらいの高さまで上下させる。10～20回行うが、20回を容易にできるようになったら、足関節に1～3kgのおもりを付けて行うといい

ココに効く!
ハムストリング

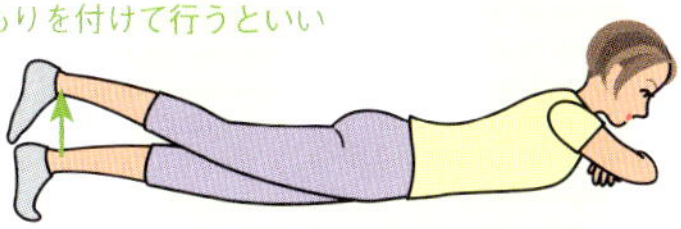

［ストレッチ］

ハムストリングのストレッチ　その1

腰ぐらいのバーや椅子などに足をかけ、状態を前に倒す。やはりゆっくりと呼吸しながら、痛みのない範囲で最大限に伸ばした状態を30～40秒間保持。ヒザを曲げないように注意しよう

ココに効く!
ハムストリング

［ストレッチ］

ハムストリングのストレッチ　その2

両足を前後にして立ち、そのままゆっくり上体を前に倒す。ゆっくりと呼吸しながら、痛みのない範囲で最大限に伸ばした状態を30～40秒間保持

ココに効く!　ハムストリング

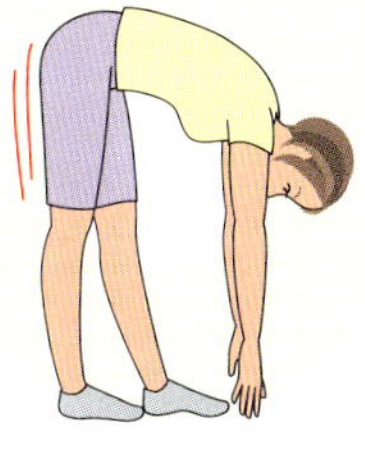

大腿屈筋（ハムストリング）

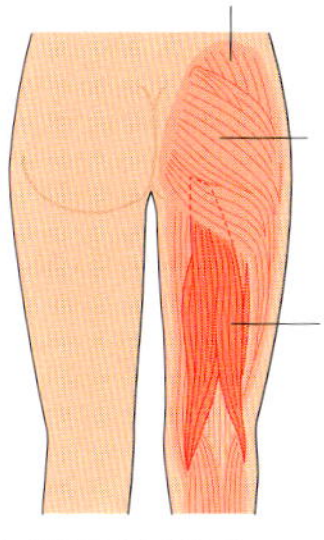

大腿四頭筋とのバランスが大切

太モモを後ろ側から見たところ。ハムストリングの筋力あるいは柔軟性が、前部にある大腿四頭筋と比べて足りないことで負担がかかり、肉離れが起こってしまう

KARTE

25

［ふくらはぎ、太もも、股関節］

股関節つけ根の痛み

お悩み

長距離を走ると、
途中から
股関節が
痛くなり、
走り終わっても
痛みがひきません。

診断

股関節まわりにある
筋肉や腱の炎症
が疑われます。
走る前には必ず
股関節付近の筋肉をほぐす
ストレッチを行いましょう。

オーバー・トレーニングを続けていると、股関節に痛みが出ることも少なくありません。ひと口に股関節痛といっても、その痛みの起こる部分によって症状はさまざまですが、中でも起こりやすいのは、脚の付け根付近の筋肉や腱が酷使されることで炎症を起し、痛みが発生するというもの。

急激にトレーニング量を増やした時などは、特に起こりやすくなります。

痛みが出た場合、数日間はトレーニングをやめて安静にし、痛みが治まってから再開しましょう。その場合、走る前にしっかりと股関節まわりのストレッチを行って下さい。

また、下のイラストにもあるように、片脚を高く上げる「四股の動作」トレーニングを行うと、股関節の深層にあるインナーマッスルが鍛えられ、予防として効果的です。

予防トレーニングとストレッチ

[トレーニング]

「四股の動作」の筋力トレーニング

両足を大きく開いて立ち、両ヒザに手を当てる。片脚を軸にして、もう一方の脚をできるだけ高く上げ下げする。10〜20回行う

ココに効く! 股関節周囲の深層筋

[ストレッチ] その1

股関節のストレッチ

両ヒザを左右に大きく開き、手をヒザにあてた状態で腰を深く下げていく。ヒザが90度ぐらいまで曲がったら、30〜40秒キープ

ココに効く! 股関節（外転）

[ストレッチ] その2

股関節のストレッチ

両ヒザに手を添えた状態で、足を大きく開く。片方のヒザを深く曲げていき、股関節を大きく開いた状態で30〜40秒キープ

ココに効く! 股関節（外転）

KARTE

26

［ふくらはぎ、太もも、股関節］

太ももつけ根の外側、骨の出っ張った部分の痛み

お悩み

太もも付け根の外側の、骨が出っ張った部分が痛みます。

診断

大転子部滑液包炎《だいてんしぶかつえきほうえん》が疑われます。しばらくの間トレーニング量を減らし、痛みがひどければランニングを休んで下さい。

骨盤の少し下にある、大腿骨外側の出っ張り部分を大転子と呼びます。そして、その外側に通っているのが腸脛靭帯です。これらの間に、潤滑油の働きをする少量の液体の入った袋があります。

これが大転子部滑液包と呼ばれ、腸脛靭帯の滑りをよくするための働きをしています。

ランニングの動作に連動し、腸脛靭帯は大転子の出っ張りの上部分を前後に移動するため、滑液胞にストレスがかかります。そのため、急に走る量を増やしたりすると、滑液胞に摩擦による炎症が起こり、特に股関節を内転させた時などに、痛みが走るようになるのです。

どちらかというと骨盤の広い女性に多く見られる症状です。特に左右の揺れが大きなランニング・フォームだと、起こる可能性は高まります。ですからフォームをチェックしてみて下さい。また、筋肉の硬さが原因になっている場合もあります。日ごろから予防のストレッチを行うことで、柔軟性をしっかりキープしましょう。

痛みが起きてしまったら、1～2カ月はトレーニング量を減らした方がいいでしょう。

痛みがひどい場合はランニングをお休みし、安静にしてアイシングを行って下さい。それでも痛みが引かない場合は、整形外科で相談してみましょう。

予防トレーニングとストレッチ

股関節外側の筋力トレーニング

横になりゆっくり息をはきながら、ヒザを曲げずに片足を床から20㎝ぐらいの高さまで上げた状態を5秒間保持する。これを10～20回繰り返す。20回を楽にできるようになったら、上下させる足に1～3kgのおもりを付けて行う

ココに効く! 股関節外側の筋肉

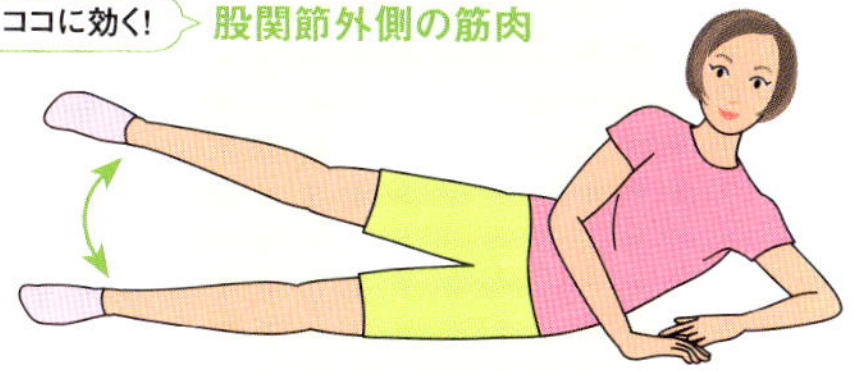

体幹をひねるストレッチ

脚を伸ばして床に座り、ヒザを曲げた状態で反対の足を交差させ、体をひねる。ゆっくりと呼吸しながら、痛みがなく最大限に伸ばした状態を30～40秒間保持する。左右交互に行おう

ココに効く! 大腿筋膜張筋

滑液包に摩擦が起こる仕組み

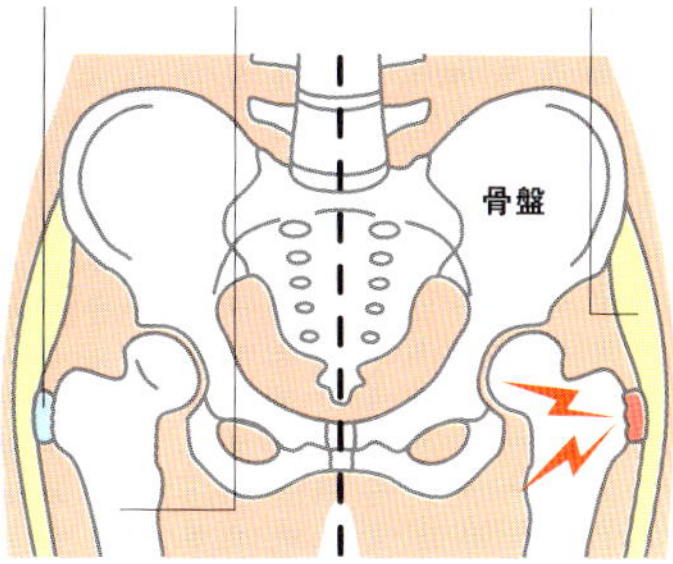

滑液包の炎症が痛みの元

大転子部滑液包とは、腸脛靭帯の滑りをよくするための、潤滑油の働きをする少量の液体の入った袋のこと（滑液包はヒジや足首などにもある）。過度なトレーニングなどによる腸脛靭帯との摩擦で炎症が起こり、大腿部から股関節にかけての外側に痛みが走る

KARTE 27

［ふくらはぎ、太もも、股関節］

太ももつけ根の痛み

お悩み

走る前後、太もものつけ根部分に痛みを感じるようになりました。

診断

変形性股関節症と思われます。痛みを感じたらランニングを控え、病院で診察を受けましょう。

加齢とともに股関節が変形し、骨盤と大腿骨の間の軟骨が傷ついたりすり減ってしまうことで生じる痛みを、変形性股関節症といいます。主に中高年に多く見られる症状といえるでしょう。

痛みが生じる直接的な原因はランニングによるものではありません。先天性股関節脱臼や、かつて使用されていた巻きおむつによる締め付けなど、乳児期の股関節の異常が原因ともいわれています。

初期症状としては、ランニング前後に軽い痛みやだるさを感じるというもので、それらは1日程度で軽減してしまいます。しかし症状は長い時間をかけて進行していき、ひどくなるほど股関節の動きが悪くなっていきます。最終的には寝ていても痛みを感じることがあり、さらに歩行困難になる可能性もあります。

痛みを感じたら、まずはランニングを控えましょう。そして、痛みが長く続く場合は、整形外科を受診して下さい。痛みが引くまで練習を再開してはいけません。運動するならば、股関節への負担の少ない、水中でのウォーキングなどがオススメです。

また、肥満が症状を悪化させることがありますので、体重が増えすぎないよう普段から注意すること。そして股関節の動きをスムーズにするように、太もも回りの筋肉をしっかり鍛えるといいでしょう。

予防トレーニング

[トレーニング]

▸ 股関節外側の筋力トレーニング

上体を起こして横になり、足首にチューブを巻き、片足を20～30度上下させる。ゆっくりと息をはきながらヒザを曲げずに10～30回行おう。チューブがない場合、上下させる足におもりを付けて行う

ココに効く! 股関節外側の筋肉

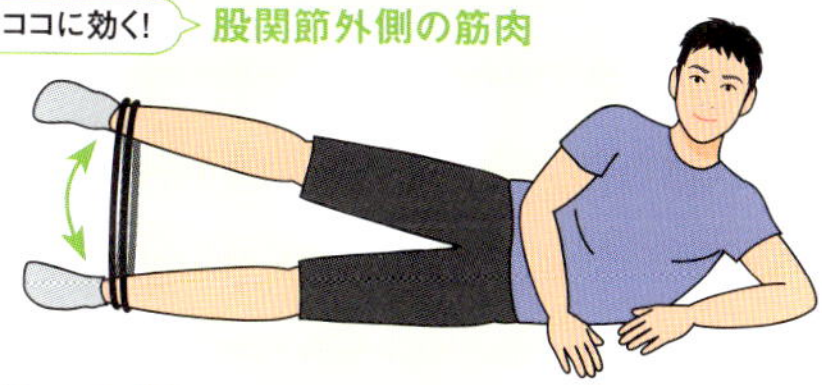

[トレーニング]

▸ 大腿四頭筋を鍛えるトレーニング

仰向けに寝て片方のヒザを軽く曲げ、お腹の上で両手を組む。ゆっくりと息をはきながらもう一方の足を20㎝ほど10～20回上げ下げする。20回を楽にこなせるようになったら、1～3kgぐらいのおもりを付けて行おう

ココに効く! 大腿四頭筋

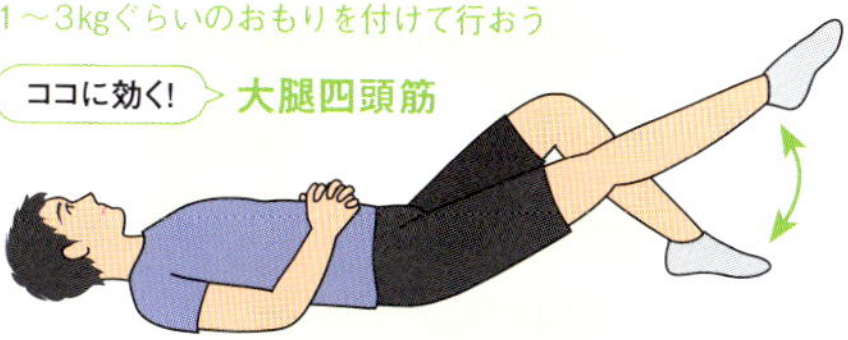

変形性股関節症の仕組み

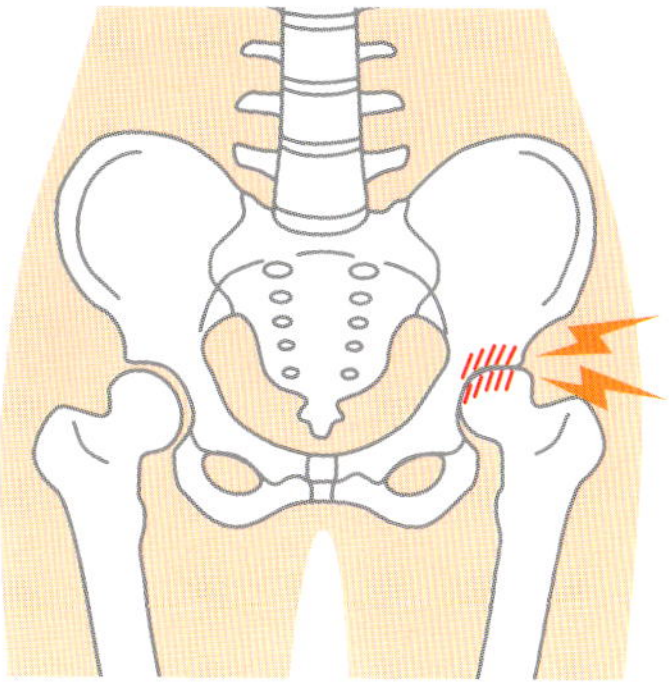

〈通常の状態〉 〈変形性股関節症〉

▸ 股関節の変形が原因

股関節は寛骨臼と、この中にすっぽりとはまる大腿骨頭から成り立っている。加齢によって股関節が変形し、関節の滑りをよくする軟骨が傷ついたりすり減ったりすることで、ももの付け根に痛みが生じる

KARTE

28

【ふくらはぎ、太もも、股関節】

脚のつけ根から恥骨にかけての痛み

お悩み

脚のつけ根からお尻にかけて痛みが生じて、歩くのもつらい状態です。

↓

診断

恥骨疲労骨折《ちこつひろうこっせつ》の疑いがあります。ランニングを中止して、まずは治療に専念しましょう。

骨盤の前面下部にある恥骨には、太ももの内側にある「内転筋」が付着しています。走行距離が増えたりすると、筋肉がこの部位を引っ張るストレスが強くなります。この動作の積み重ねが疲労となり、骨にヒビが入る…これが「恥骨疲労骨折」です。

特に女性は骨盤が広い分だけ腰の揺れ幅も大きく、恥骨にストレスがかかるため、この障害を起こしやすいのです。また、ランニング・フォームが左右にブレる人、無理なダイエットや栄養の偏った食生活を送っている人も要注意です。

痛みが出たら、無理をせずにランニングは中止します。完治する前に走り出すと、なかなか治りませんので、焦りは禁物です。レントゲン検査などでチェックをしながら、ランニング再開の時期を決めます。

予防法としては、休養日を設けるなどして走り過ぎを控えること、ストライド（歩幅）を狭くして、安定感のあるフォームを身につけるのも対策の一つです。また、内転筋のストレッチも有効でしょう。

予防のためのストレッチ

［ストレッチ］

内転筋のストレッチ

片足を直角に曲げて大きく横に開く。痛みのない範囲内で最大限に脚を伸ばし、ゆっくりと呼吸しながら30〜40秒キープ。ヒザが曲がらないように注意！

骨盤、股関節の仕組み

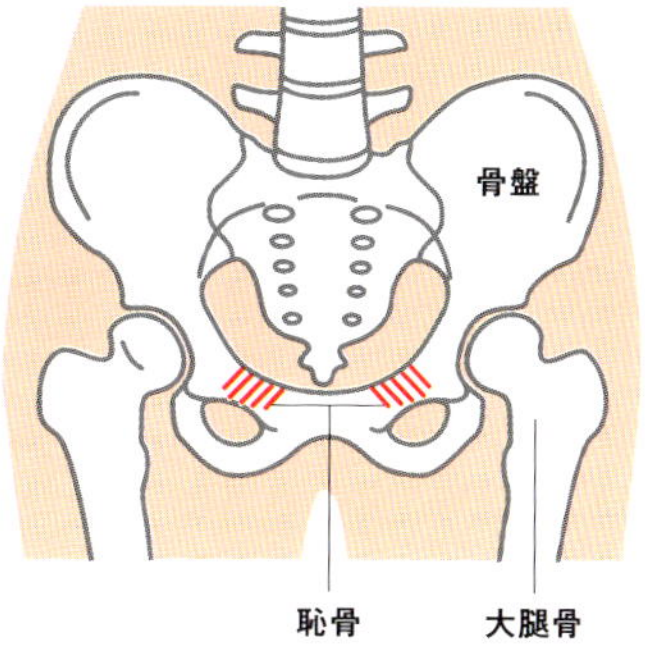

多くの筋腱が付着

恥骨は骨盤の一部で、恥骨結合は左右2つの恥骨が軟骨円板によって結合しています。ここには内転筋のほか、上恥骨靱帯、恥骨弓靱帯、腹直筋、薄筋など、数多くの筋腱が付着しています

COLUMN + 03

バレエダンサーのような股関節の柔軟性は努力次第で手に入れられる!?

格闘家やバレエダンサーなどで、180度の股割りができる人とできない人とでは、柔軟性の問題以前に、骨格的な違いがあるように思われがちですが、レントゲン写真を撮ってみると、実は何の差もありません。股関節周囲の深層には、上双子筋、下双子筋など下肢を回旋させるための細かい筋肉があり、その上層に大でん筋、中でん筋、内転筋群など、骨盤から下肢に向かう筋肉が走っています。股関節の柔らかさを決めるのは、これら関節周囲の筋肉なのです。つまり、努力次第で、股関節の柔軟性を得ることは可能です。

股関節周囲の筋肉

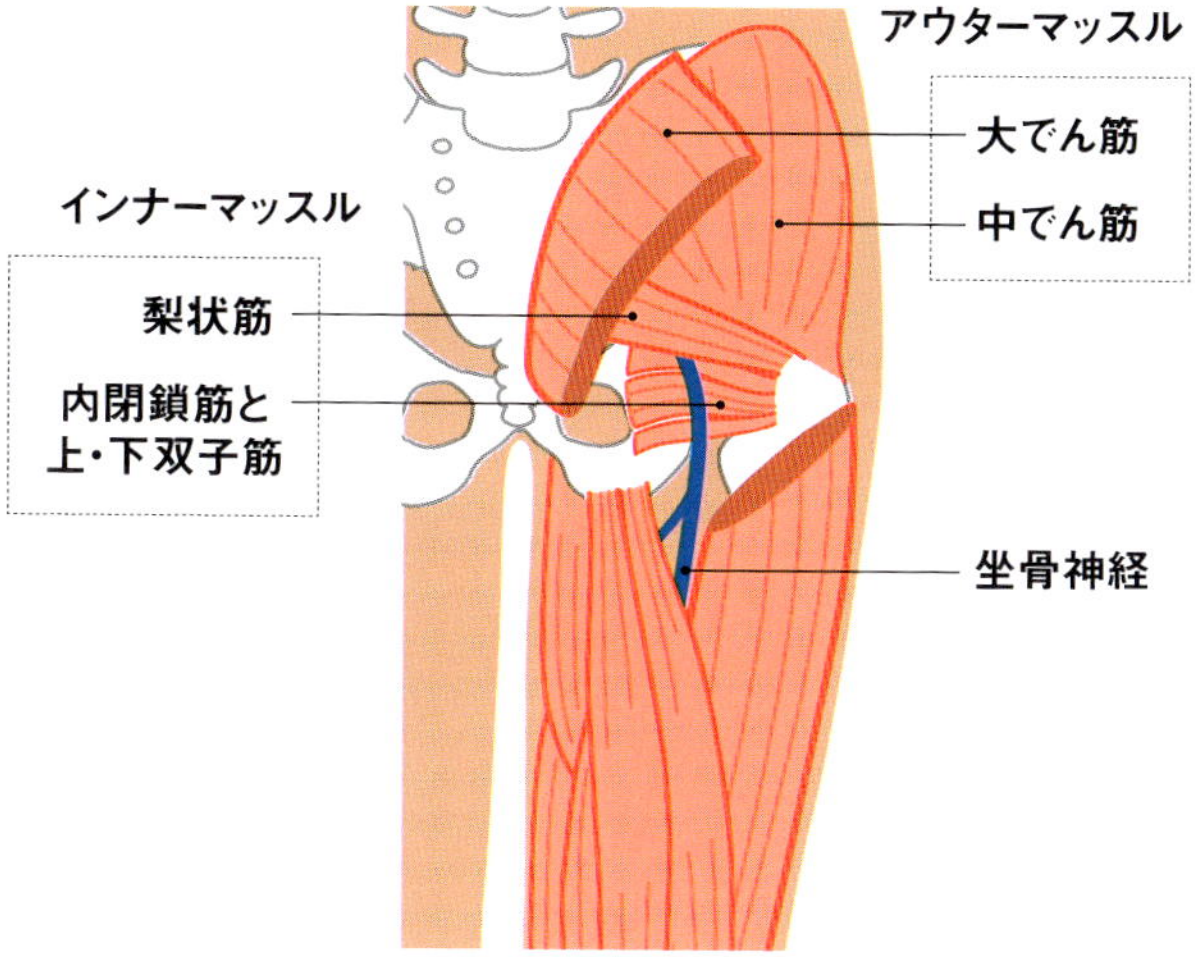

大でん筋の一部をカットしているが、インナーマッスルとアウターマッスルの関係がよくわかる。運動前後はもちろん、ケガ予防のためにも日常的なストレッチを心がけよう

第4章

腰、背中、首の痛み

腕振りに腹筋、背筋…
走りを支える上半身

ランニングは脚だけで走っているわけではありません。
腕振りや、それに連動した
骨盤の動きもとても大切。
また、腹筋や背筋、そして体幹を支える
インナーマッスルは正しいフォームを作り
キープするためには欠かせません。
そのため、腰から上の痛みやトラブルに
悩むランナーも意外と多いのです。
筋力アップやストレッチは
そんなケガの痛み軽減や予防のみならず
走りそのもののレベルアップにも必須です。

ドクター小山の解剖学

腰、背中、首編

背骨は、医学的には**脊椎**と呼ばれます。その中の**頸椎**は、頭蓋骨のすぐ下から始まり、ほとんどの人の頸椎は**7つ**。その下には、12の**胸椎**と5つの**腰椎**があります。体を支えるための、脊椎の前方にある「柱」となる部分を**椎体**といいます。

脊椎の後ろには**脊椎関節**があり、前後左右への**「前後屈」**と**「側屈」**、**「回旋」**ができる、動きやすい構造になっているのが特徴です。それぞれの頸椎の間には、**椎間板**というクッションがあります。背骨の後ろには脊髄という神経の束が走っており、骨と骨との間から、左右にそれぞれ1対ずつの神経の枝が出ています。

頸椎、胸椎、腰椎とつながる背骨は、ゆるやかなS字カーブを描いていて、体を直立させるため常に**背筋**が働いています。したがって、スポーツをするということは、その種目が何にせよこの筋肉に**大きな負担**が加わっているのです。

では、脊椎から上肢へのつながりは、どうなっているのでしょうか? 胸椎から**肋骨**が出ており、それが**胸骨**につながり、**鎖骨、肩甲骨**と続き**上腕骨**へとたどり着きます。この流れを自分の手でなぞってもらえればよくわかると思いますが、肩甲骨は骨の支えが少なく、まるで筋肉の中に**浮かぶ島**のような構造なのです。ゆえに、上肢を支えるためにはそれなりの筋力が必要になるわけです。

こうした、腰から背中、首、そして腕というのは、走るためにも当然重要な部位。安定した**美しいフォーム**を身につけ、またそれをキープするためにも、脚(足)ばかりでなく、上半身のパフォーマンスをもう一度見直してみてはいかがでしょうか。

腰、背中、首の痛み解消ガイド

あなたの「痛み」はどれですか?

ここでは、8つの悩みについて診断、
予防トレーニングとストレッチなどを紹介しています。
あなたが悩むトラブルはもちろん
その他のページもチェックしておきましょう。

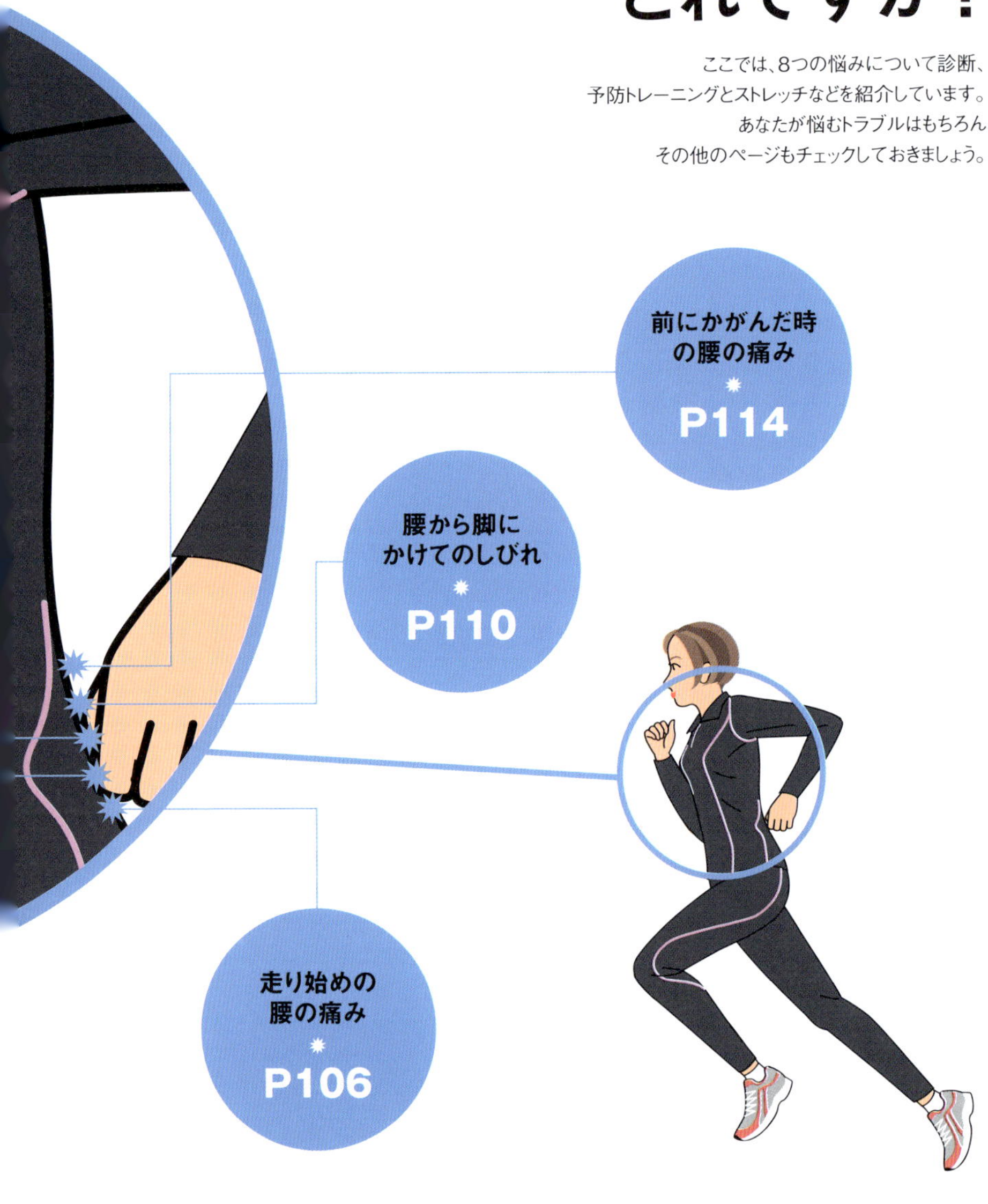

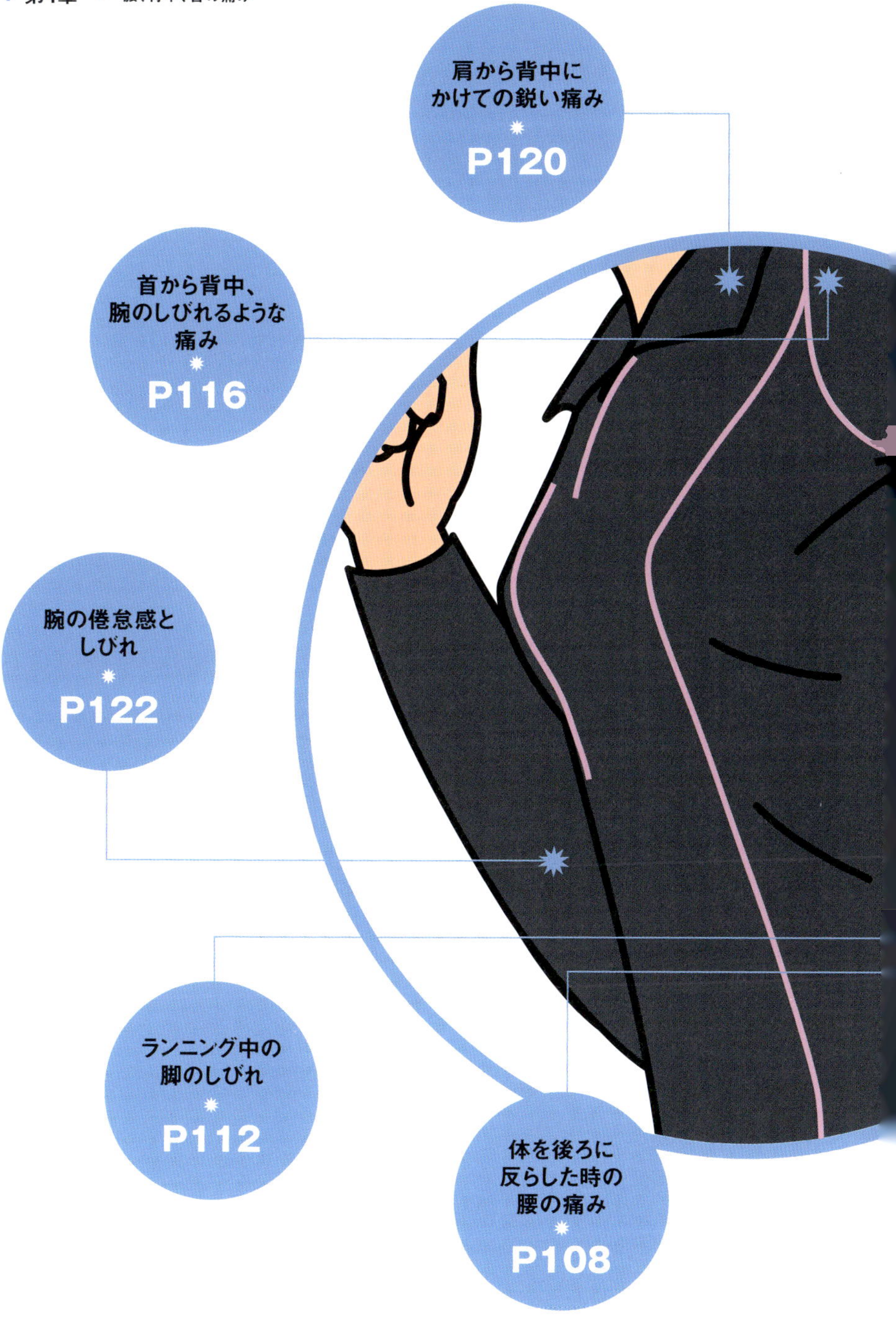
肩から背中に
かけての鋭い痛み
P120
首から背中、
腕のしびれるような
痛み
P116
腕の倦怠感と
しびれ
P122
ランニング中の
脚のしびれ
P112
体を後ろに
反らした時の
腰の痛み
P108

KARTE 29

［腰、背中、首の痛み］

走り始めの腰の痛み

お悩み

走り始めた時腰に痛みを感じますが、しばらく動くと楽になります。

↓

診断

変形性腰椎症《へんけいせいようついしょう》の初期症状が疑われます。まず安静にして、痛みが軽くなってきたら、腹筋、背筋のトレーニングとストレッチを行って下さい。

中

高年のランナーによく見られる症状です。加齢による、もともとの腰椎の変形があり、体重や運動量の急激な増加、腹筋、背筋の筋力低下などが加わって症状が出てきます。

運動不足を気にして最近走り始めた人は、注意が必要。動き出した時や、座っていた状態から立ち上がる時に痛みや重さ、だるさを感じますが、しばらく動くうちに楽になることも。

腰椎は5つの椎骨によって形成されていますが、骨と骨との間には、クッションの役割をする椎間板という組織があります。変形性腰椎症とは、加齢、労働や運動による負荷で椎間板の弾力性が低下し、腰椎に変形を生じている状態です。椎間板が加齢とともに弾力性を失うと、椎骨にかかる負担が強くなり、骨のふちがトゲ状に突起する「骨《こつ》棘《きょく》」が生じ、神経を刺激して痛みを生じることがあります。進行すると坐骨神経痛を起こしたり、神経の通り道が狭くなり、歩行障害などの症状を引き起こす、脊《せき》柱《ちゅう》管《かん》狭《きょう》窄《さく》症《しょう》に進展することもあります。

痛みを感じたら、ランニングを中止しましょう。安静にし、痛みがひどければ痛み止めを使ったり、動くのがつらいようであれば、コルセットを使うこともあります。痛みが軽くなってきたら、腹筋、背筋のストレッチとトレーニングを行い、体幹部分の筋力のバランスを整えて下さい。

腰椎の構造

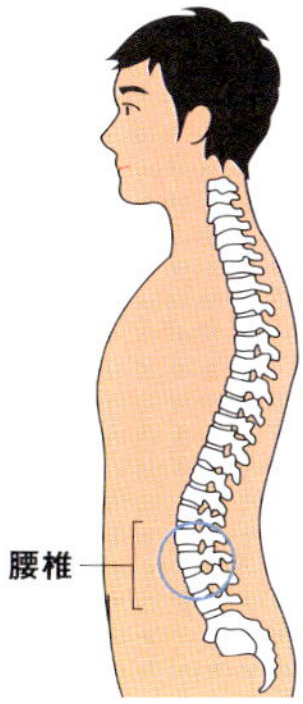

5つの椎骨を腰椎と呼ぶ

背骨の下部に位置する5つの椎骨が腰椎部分。腰椎を支える椎骨は前方に向かって軽くカーブしている。その間には椎間板が挟まっており、クッションの役割を果たしている

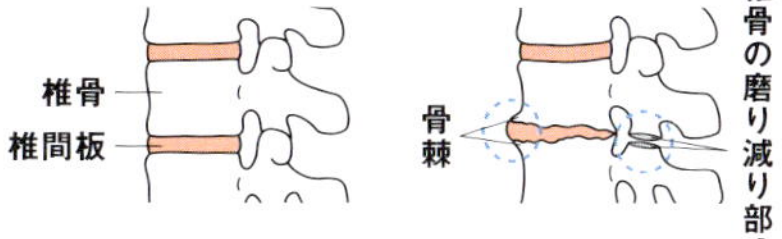

変形性腰椎症の仕組み

（左）正常な状態の腰椎。均等な間隔で並んだ椎骨の間には、椎間板が挟まっている。（右）変形した腰椎。加齢などにより椎間板が弾力性を失うと、椎骨にかかる負担が増強し、骨棘ができたりする

予防トレーニングとストレッチ

［トレーニング］

ひねりを加えた腹筋のトレーニング

右ヒジと左ヒザ、左ヒジと右ヒザをつけるイメージで、交互に計10～20回行う

ココに効く！ 外腹斜筋・内腹斜筋

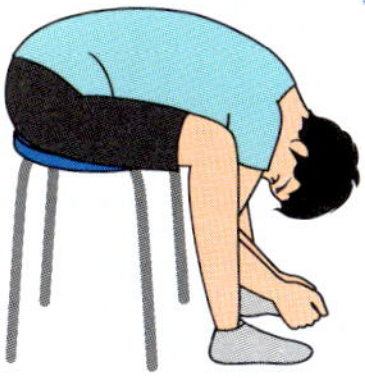

［ストレッチ］

背筋のストレッチ

イスなどに腰かけ、上体を前にかがめて背筋を伸ばす。痛みのない範囲で最大限に伸ばした状態を、ゆっくり呼吸しながら30～40秒キープする

ココに効く！ 脊柱起立筋

KARTE

30

【腰、背中、首の痛み】

体を後ろに反らした時の腰の痛み

お悩み

体を後ろに
反らしたり
ひねりを
加えたりすると
腰に痛みが
走ります。

診断

「腰椎《ようつい》分離症《ぶんりしょう》」の存在が
疑われます。
痛みがひどければ
ランニングはしばらく
お休みし整形外科を
受診しましょう。

腰椎分離症の存在が疑われます。進行すると痛みが強くなったり、時には腰が抜けるような感覚を覚えることも。さらには「腰椎すべり症」という、椎間板のへたりとともに腰椎が前方に滑る症状に発展する場合もあり、注意が必要です。

ランニング中に痛みを感じたら、ペースを落として様子を見ましょう。痛みが引かないようなら走るのをやめて、整形外科を受診すること。ランニングを再開するのは、痛みが治まってからにしましょう。

腰椎分離症とは腰椎における椎弓《ついきゅう》という部分の疲労骨折を指し、主に10代の前半から中盤ぐらいの成長期に発症する症状。野球やテニス、柔道やレスリングなど、腰に負担のかかるスポーツをしていた経験のある人に起こりやすいといわれています。腰を動かすことで、成長期の骨の柔らかい時期に椎弓に亀裂が入り、気づかぬまま腰を動かし続けていると、椎弓が分離した状態のまま固まってしまうのです。発症当初はそれほど痛みを感じないケースもよくあるのですが、年齢を重ねることで背筋の筋力が弱まり、もともと分離していた椎弓の周囲にストレスがかかって痛みが出てくるわけです。

大切なのは、痛みのない時に腹筋、背筋をしっかり強化すること。また、予防のためにコルセットを着けて走るのもいいでしょう。

腰椎分離症

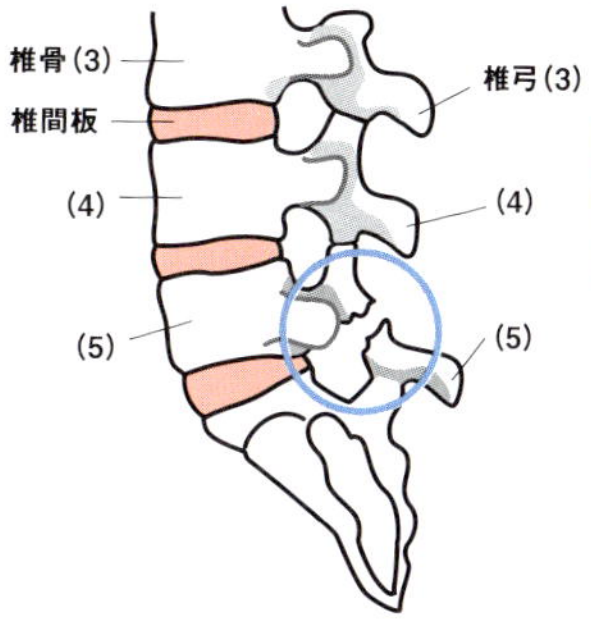

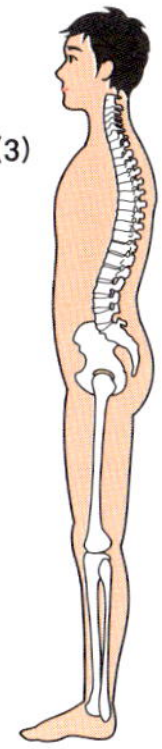

鈍い痛みで気付かないことも

椎骨の後ろにある椎弓が、成長期の、骨がまだ柔らかい時の疲労骨折により分離してしまう。鈍い痛みのため当初は気づかないことも多いが、加齢などの原因でストレスがかかり後になって痛みを感じることも

予防トレーニングとストレッチ

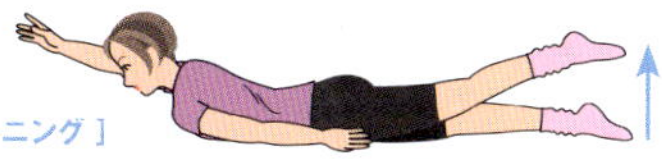

[トレーニング]

背筋を鍛える予防のトレーニング

うつ伏せに寝て、ゆっくりと息を吐きながら対角線にある右上肢と左下肢を上げ、5秒間静止。左右で10〜20回ずつ行う

ココに効く! 脊柱起立筋

[トレーニング]

腹筋を鍛えるトレーニング

無理のない傾斜角度を設定し、10〜20回行う。右ヒジと左ヒザ、左ヒジと右ヒザをくっつけるつもりで交互に

ココに効く! 外腹斜筋・内腹斜筋

[ストレッチ]

腰のストレッチ

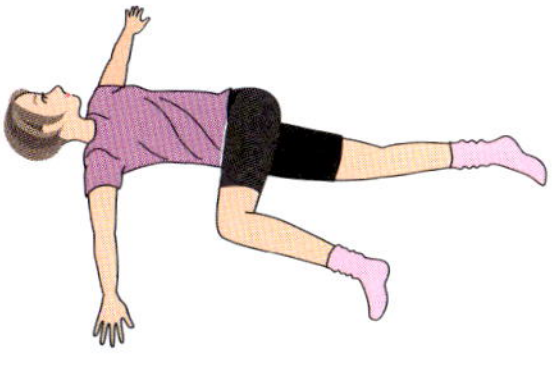

仰向けに寝て片脚を上げて体をひねりながら脚を交差し、反対側の床に下ろす。ゆっくり呼吸しながら痛みのない範囲で最大限に伸ばした状態を30〜40秒保持する。両脚を交互に行おう

ココに効く! 腰周り

KARTE
31

【腰、背中、首の痛み】

腰から脚にかけてのしびれ

お悩み

脚を前に蹴り出すと腰から脚にかけて痛みが走ります。

診断

「腰椎椎間板《ようついついかんばん》ヘルニア」かもしれません。
すぐにランニングはお休みを。

椎骨と椎骨の間でクッションの役目をしている椎間板の中には、髄核《ずいかく》と呼ばれるゼリー状の組織があります。

重いモノを持ち上げた時や、強く体をひねった時など、椎間板に無理な力がかかることで、この髄核が椎間板からはみ出してしまうことがあります。それが椎骨の後ろを走る神経を圧迫して痛みが起こります。

腰が前に曲がりにくくなり、仰向けの状態で脚を上げると、お尻から脚にかけて痺れや痛みが出てしまいます。ランニング時は脚が前に出しにくかったり、お尻から脚にかけて痛みを伴います。年齢が低いと髄核のハリがあるので、神経への圧迫も大きく、強い痛みが出ます。そのため、20代から30代の男性にこの症状を訴える人が多いのも特徴です。症状の強いときは、お風呂で温めると、かえって痛みが強くなることがあるので注意して下さい。

痛みがある場合は、約3カ月はコルセットを装着して安静にします。痛みがひどい場合は鎮痛剤やブロック注射などで痛みを抑えることもあります。再発予防のためには、腹筋と背筋を鍛え、腰に負担をかけないことが大切です。また、腹圧を高めて腹椎への負担を軽くするよう、左右のひねりを入れた腹筋運動もオススメです。

ヘルニアの腰椎

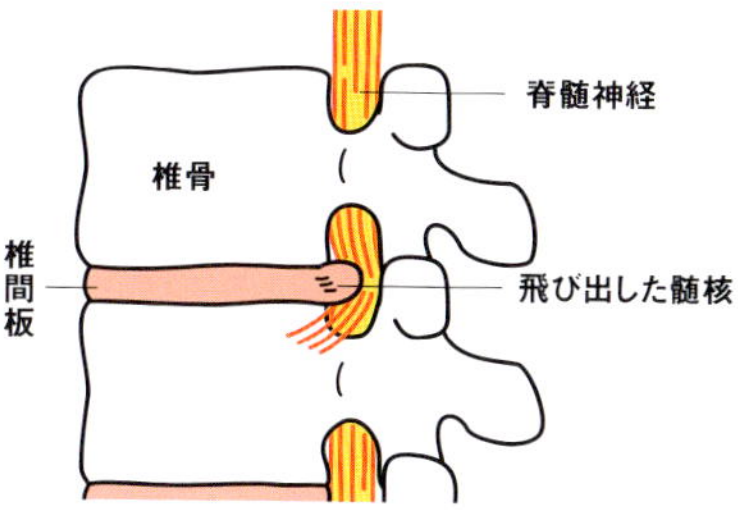

▶ 髄核が脊髄神経を刺激

椎骨間で強い圧迫を受けると、椎間板の中の組織、髄核が外に飛び出し、脊髄神経を刺激して痛みが発生する

予防のためのトレーニング

CAUTION! 再発予防に効果的ですが痛みのある間は行わず、痛みがなくなってから始めましょう！

［トレーニング］

▶ ひねりを加えた腹筋のトレーニング

右ヒジと左ヒザ、左ヒジと右ヒザをつけるイメージで、交互に計10～20回行う

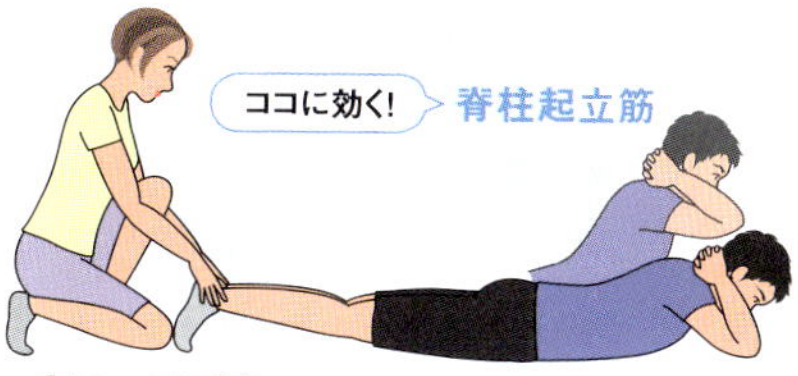

［トレーニング］

▶ 背筋トレーニング

うつ伏せに寝て、頭の後ろで手を組む。ゆっくりと上体を上げ、5秒間キープ。10～20回

KARTE

32

【腰、背中、首の痛み】

ランニング中の脚のしびれ

お悩み

ランニング中、お尻から脚にしびれを感じます。休めば走れるのですが…。

診断

加齢による脊柱管狭《せきちゅうかんきょう》窄症《さくしょう》の疑いがあります。

腹筋強化と背筋のストレッチを欠かさず行い、痛みが引かない時は医師に相談を。

休めば再び走れる、といった症状から判断すると、おそらく椎間板ヘルニアではなく、脊柱管狭窄症と考えられます。椎間板ヘルニアとは、激しい運動などにより椎間板が部分的に外に飛び出し、神経を圧迫する症状。痛みは鋭いものになります。それに対して脊柱管狭窄症は、加齢によって椎間板が全体的につぶれ、神経の通り道が締め付けられることで起こります。

中高年以降、椎骨の間でクッションの役割をしている椎間板に張りがなくなって、つぶれてきてしまいます。椎骨も変形し、後ろを走る神経が圧迫されてしまうのです。

走っていてしびれを感じたら、まずは前かがみで座って休みましょう。初期症状であればそれで血流がよくなり、走れるようになるはずです。

脊柱管狭窄症は日常生活で痛みを感じないケースも多いのですが、症状が進行するにつれて連続して走ったり歩いたりできる距離が短くなってきます。重症になれば立っているだけでしびれますので、その前に整形外科を受診しましょう。ひどくなると、手術を受けることもあります。

場合によってはフォームの改善も必要。背中を反らせるフォームでは、しびれを感じやすくなります。予防のため、腹筋のトレーニングと背筋のストレッチを行いましょう。

脊柱管狭窄症の起こる仕組み

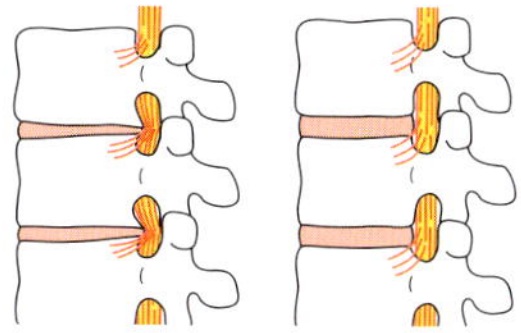

加齢による椎間板のつぶれが原因

神経の束が椎骨の後ろを通っている。椎間板が張りを失って椎骨に力学的ストレスが加わり、骨が変形して神経束の通り道である空間が十分に確保されなくなる。それにより血流が悪くなり、しびれや痛みが生じる

予防トレーニングとストレッチ

[トレーニング]

腹筋のトレーニング

仰向けになってヒザを軽く曲げ、両手を腹部に置く。ゆっくりと息をはきながら肩を10～20cm浮かせ、へそをのぞき込む姿勢で5秒静止。10～20回行う

ココに効く! 腹直筋

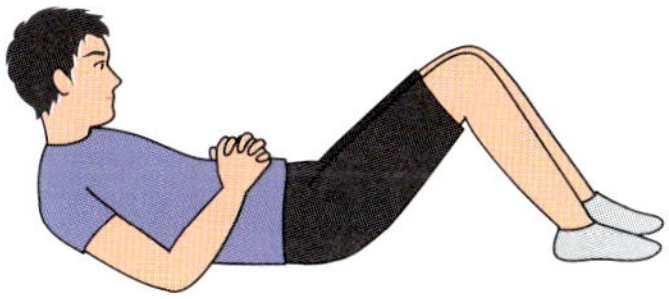

[ストレッチ]

背中のストレッチ

イスなどに腰かけ、上体を前にかがめて背すじを伸ばす。痛みのない範囲で最大限に伸ばした状態を保つ。ゆっくり呼吸しながら30～40秒静止

ココに効く! 脊柱起立筋

KARTE
33

【腰、背中、首の痛み】

前にかがんだ時の腰の痛み

お悩み

肥満気味なので走り始めたところ、**前にかがんだ時、腰に痛み**を感じました。

診断

「筋《きん》筋《きん》膜《まく》性《せい》腰《よう》痛《つう》症《しょう》」の可能性が高いです。原因はストレッチ不足や肥満による腰椎の反り、または腹筋の筋力不足などが考えられます。

骨を支える大きな筋肉、脊柱起立筋《せきちゅうきりつきん》に負担がかかり、痛みを生じる「筋筋膜性腰痛症」の可能性があります。

ランニングが直接の原因ではありませんが、脊柱起立筋が疲労でこり固まり、血液循環が悪くなっていたのかもしれません。または肥満によりお腹が出て腰椎が反り気味になっていたり、運動不足で腹筋が弱くなっている状況下で運動をした場合、痛みが出る可能性があります。

ちなみに、脊柱起立筋に急激な負担をかけると、筋線維にキズがつき激痛を伴うことがあります。これがよくいわれるギックリ腰です。痛みが起こったら当日はアイシングを行い、鎮痛剤の入った湿布を貼ったり痛み止めを飲むようにして、2〜3日間は安静に。激しい痛みがなくなり炎症が取れたら、今度は入浴をまめに行い、ストレッチで筋肉をほぐします。症状が繰り返すようなら、背筋の柔軟性不足なのか筋力不足なのか、肥満のせいなのか、整形外科で原因を調べてもらいましょう。

また、ランニング・フォームが悪いことに原因がある可能性も。あまりに背中を反らせると腰を痛めやすいので、お腹を締めるよう意識した走り方に改善しましょう。

痛みが引いたら走り始めて大丈夫。ただし再発を防ぐため、背筋のストレッチと腹筋の強化を。

主な原因は脊柱起立筋のこり

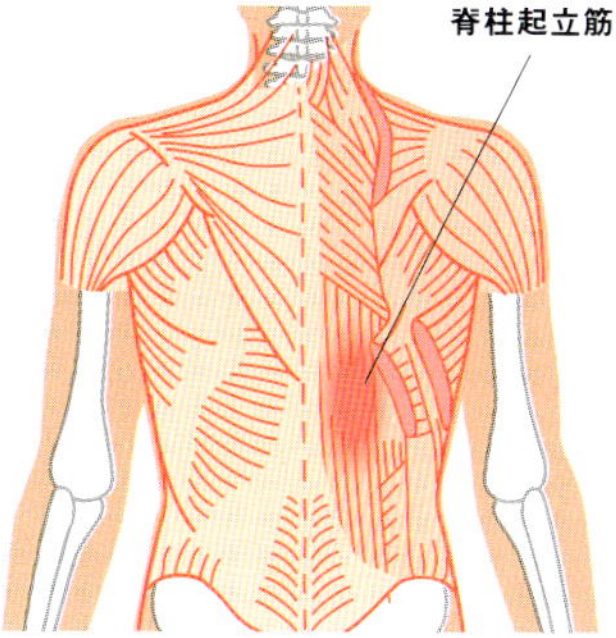

▶ 背筋のストレッチが効果的

ウォーム・アップをあまりせずに動いた時や、長時間イスに座り続けた時、寒い場所にいる時などに痛みが出やすい。違和感、不快感を感じる程度なら、背筋をストレッチすることで、症状はぐっと軽くなる

予防トレーニングとストレッチ

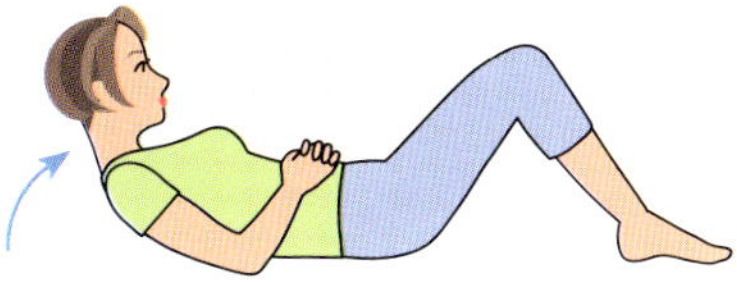

［トレーニング］

▶ 腹筋のトレーニング

ゆっくりと息を吐きながら肩を10〜20cm浮かせへそをのぞき込むような姿勢で5秒停止。10〜20回行う

ココに効く！ 腹直筋

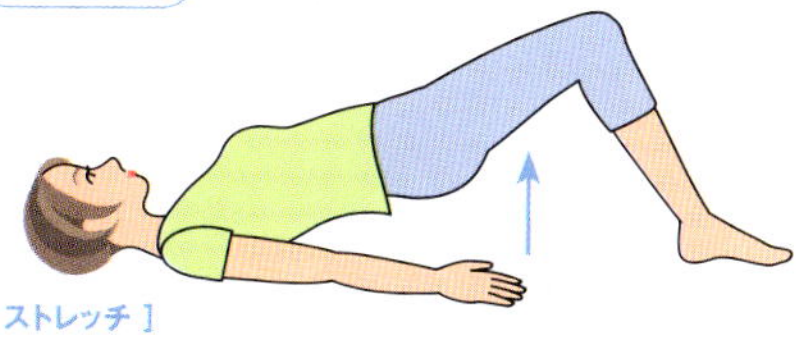

［ストレッチ］

▶ 背筋のストレッチ

ゆっくりと息を吐きながら腰を20cmぐらい上げ、5秒間停止。10〜20回行う

ココに効く！ 脊柱起立筋

KARTE 34

［腰、背中、首の痛み］

首から背中、腕のしびれるような痛み

お悩み

最近、走っていると首から背中、そして腕にもしびれるような痛みが走ります。

診断

加齢により頸椎《けいつい》が変形し、神経を圧迫している可能性があります。日ごろから首のストレッチとトレーニングを行いましょう。

「頸《けい》椎《つい》症《しょう》性《せい》神経《しんけい》根《こん》症《しょう》」の可能性が高いです。頸椎とは背骨の上部で、首の部分にあたる骨のこと。7つの骨が椎間板というクッションを挟んで連なり、頸椎の後方を、脊髄という神経の束が通っています。そして脊髄から枝分かれした、神経根と呼ばれる神経の枝が背中や上肢につながっています。

40代以降の中高年は、頸椎の間の椎間板に弾力性がなくなってきます。椎間板がつぶれ、頸椎もトゲを伸ばしたように変形。それが神経根を圧迫することで、神経に沿って首から背中、腕にかけて痛みが起こるのです。

原因は加齢によるものが大きいですが、特に上下動の大きい走り方は首への衝撃を大きくします。走っている最中に首や背中、腕などに痛みが走ったらペースを落とし、上下動の少ないフォームで戻ります。自宅ではまずは安静。痛みがひどい場合は整形外科を受診しましょう。原因を調べ、症状に応じて鎮痛剤やビタミン剤を処方してもらって下さい。首の牽引、温熱療法、電気治療などのリハビリを行うこともあります。

痛みを防ぐためには、歩幅を小さくし、上下動の少ないフォームに変えるといいでしょう。また予防のためには、日ごろからの首の筋肉のストレッチと、次ページのイラストのようなアイソメトリック・トレーニングも行いましょう。

頸椎と椎間板

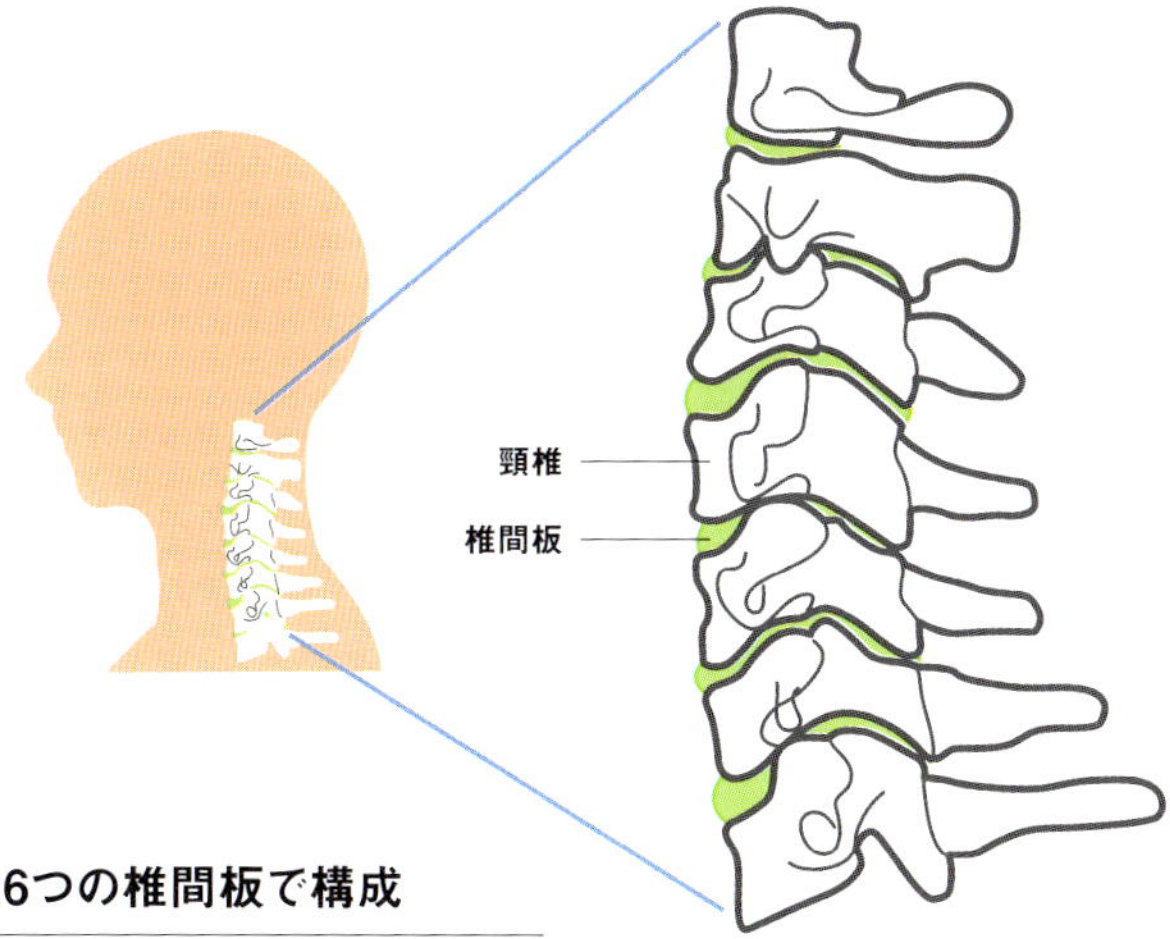

頸椎は7つの骨と6つの椎間板で構成

頸椎とは背骨（脊椎）の上部、首の部分を指し、7つの骨が椎間板を挟んで連なることで、首が動くことを可能にしている。加齢により椎間板が硬化し、頸椎の狭小化が引き起こされる。それが神経根を刺激し、痛みが起こるというメカニズム。主に加齢を原因として40代以降に現れる症状といえるだろう

予防トレーニングとストレッチ

体の上下動による振動などで首にかかる負担も少なくありません。
下半身だけでなく、首周りのワークアウトもしっかり取り入れましょう。

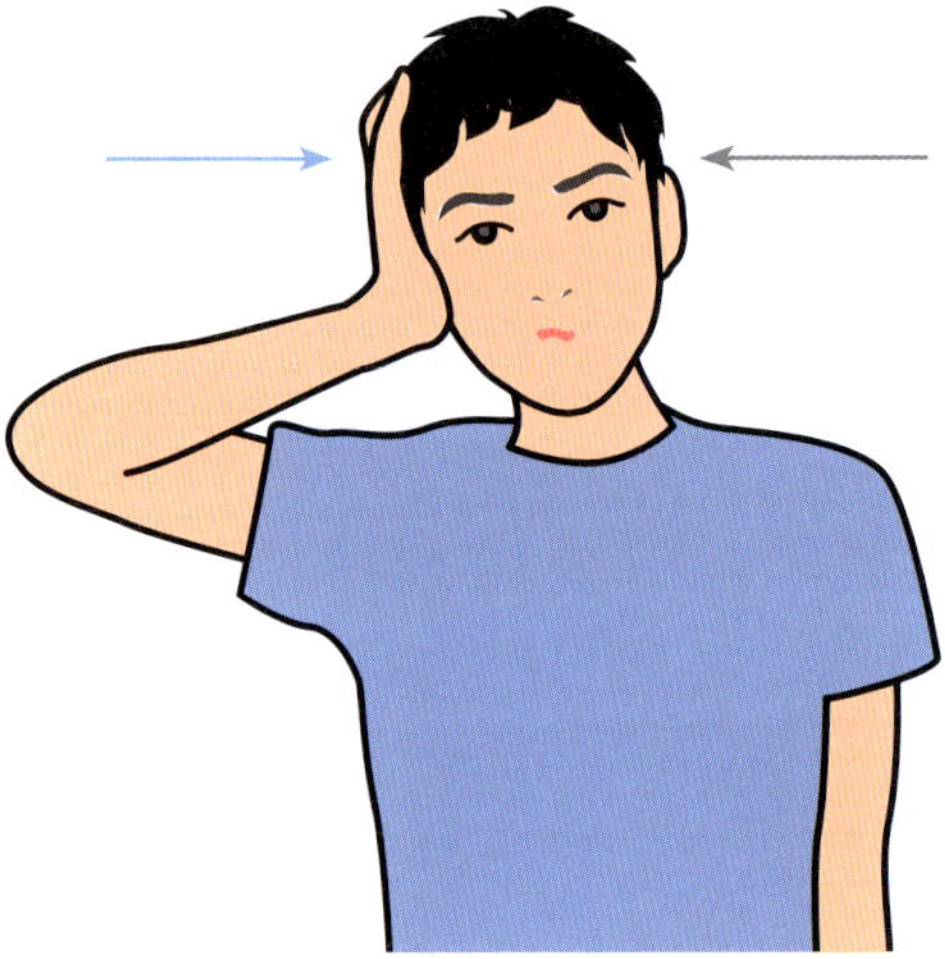

[トレーニング] その1

アイソメトリックトレーニング

頭の右横に手を当て、頭と手に最大限の力を加えて押し合い、右方向へ向かう筋力の強化を行う。やはり息を吐きながら5秒静止すること。左側も同様に行うこと

ココに効く!

頸椎側面の筋肉

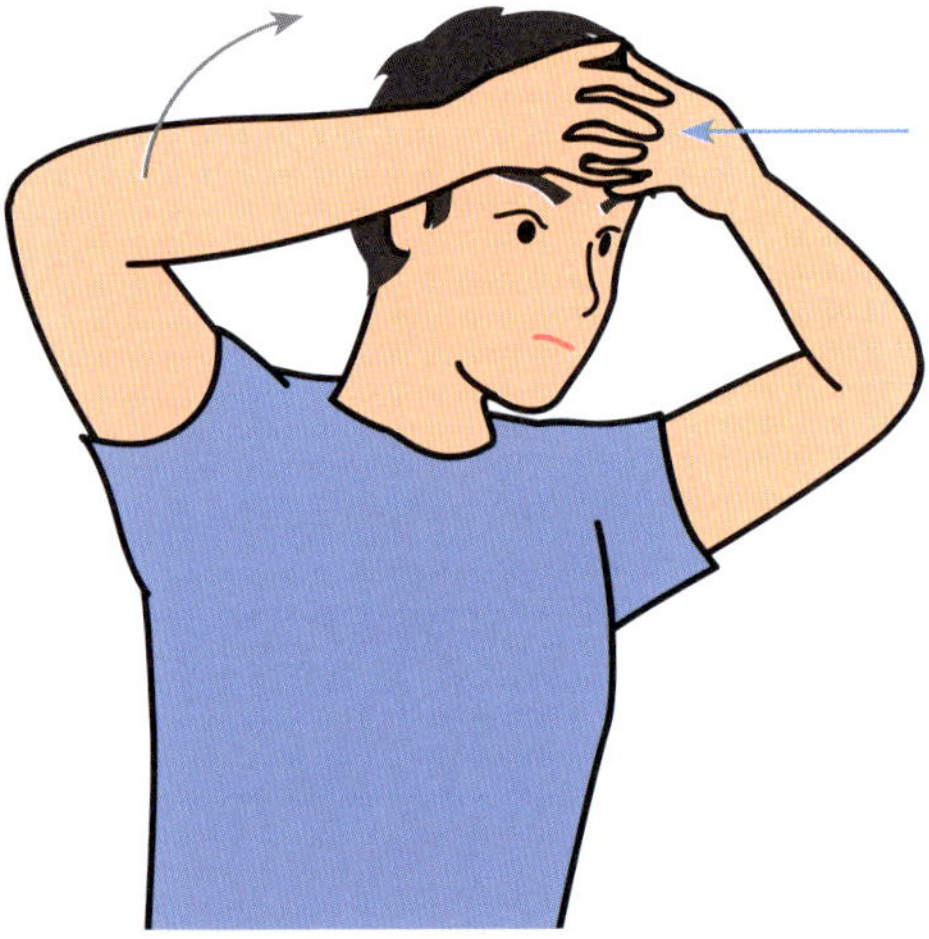

[トレーニング] その2

アイソメトリックトレーニング

手を組んでおでこに当て、頭と手に最大限の力を加えて押し合い、前方へ向かう筋力の強化を行う。その時、息を吐きながら5秒静止すること。同様に手を組んで後頭部に当て押し合い、後方への筋力も強化しよう

ココに効く!

頸椎前、後部の筋肉

手の動き　頭の動き

[ストレッチ]

首のストレッチ その1

右手を頭の左側に当て、頭を横に押し上げ、頸骨の左側面を伸ばす。ゆっくりと呼吸しながら、痛みのない範囲で最大限に伸ばした状態を30～40秒保持すること。同様のやり方で右側面のストレッチも行おう

ココに効く!

頸椎側面

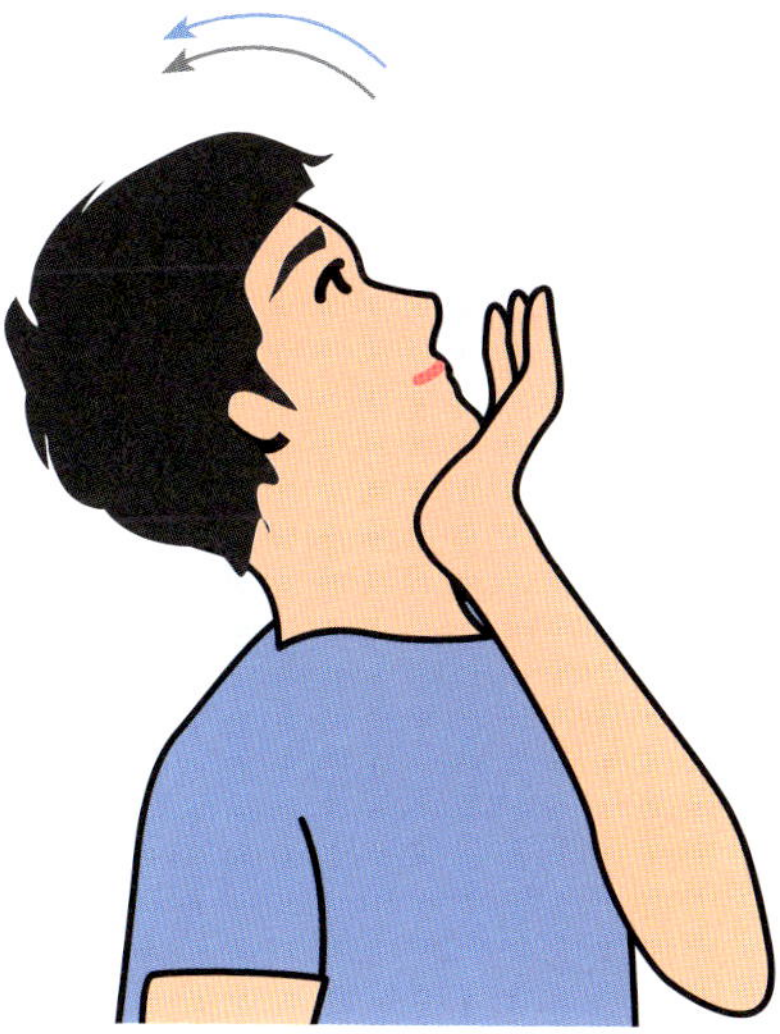

[ストレッチ]

首のストレッチ その2

アゴに手を当て、頭を後ろに押し上げ、頸椎前部を伸ばす。ゆっくりと呼吸しながら、痛みのない範囲で最大限に伸ばした状態を30～40秒保持する。同様に後頭部に手を当て頭を前に曲げ、頸椎後部を伸ばす

ココに効く!

頸椎前後

KARTE 35

【腰、背中、首の痛み】

肩から背中にかけての鋭い痛み

お悩み

ランニング中に突然、肩から背中にかけての鋭い痛みを感じ、走れなくなりました。

診断

僧帽筋《そうぼうきん》の筋力不足により下がった肩甲骨が神経を引っ張り炎症が起きています。トレーニングで予防に努めつつ、フォームも確認を。

肩甲上神経が、炎症を起こしていると思われます。

肩甲上神経とは、肩甲骨の上にある溝の中を通っている神経のこと。この神経が炎症を起こすと肩の周辺に痛みが走り、ひどい場合は痛みが背中まで達することもあります。

炎症の原因として考えられるのは、肩と首の間にある僧帽筋の筋力不足が挙げられます。僧帽筋の筋力が足りないと、肩甲骨が腕の重みにより下がるのを支え切れなくなります。そして、下がった肩甲骨に肩甲上神経が引っ張られることで痛みとなるのです。一般的に、なで肩で僧帽筋の筋力が弱い、女性に多く見られる症状です。

ランニング中に痛みが起きたらペースを落とし、肩を回して痛みを和らげます。そして自宅で、ダンベルや水を入れたペットボトルを使ってトレーニングを行い、僧帽筋の強化に努めましょう。また予防として、キネシオ・テープなどで肩甲骨を引っ張り上げるのも効果的です。

僧帽筋の強化を行うとともに、ランニング・フォームもチェックしてみて下さい。大きく腕を振りすぎることで、肩甲上神経など、肩甲骨周囲の組織に負担がかかっている可能性もあります。

場合によっては、腕を大きく振らないコンパクトなフォームに変えるといいでしょう。

予防トレーニングとストレッチ

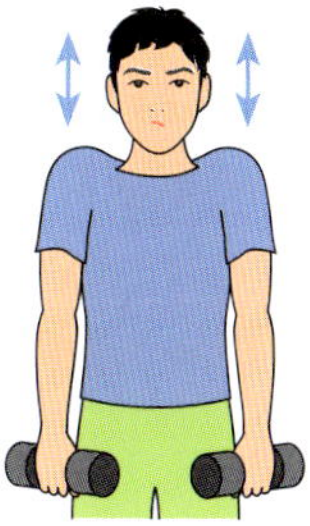

[ストレッチ]

僧帽筋のトレーニング

ダンベルを持ってヒジを伸ばし、肩を上げ下げして僧帽筋を強化するトレーニング。3～10kgのダンベルや水の入ったペットボトルなどで、10～20回行う

ココに効く!

僧帽筋

[ストレッチ]

肩甲骨周りのストレッチ

バーベルのバーなど、10 kg程度の重さの負荷を持ち、両方の肩甲骨が近寄るように内側に動かすストレッチ。痛みのない範囲でゆっくり呼吸しながら30～40秒キープし、1～3セット行う

ココに効く!

肩甲骨周辺の筋肉

肩甲上神経

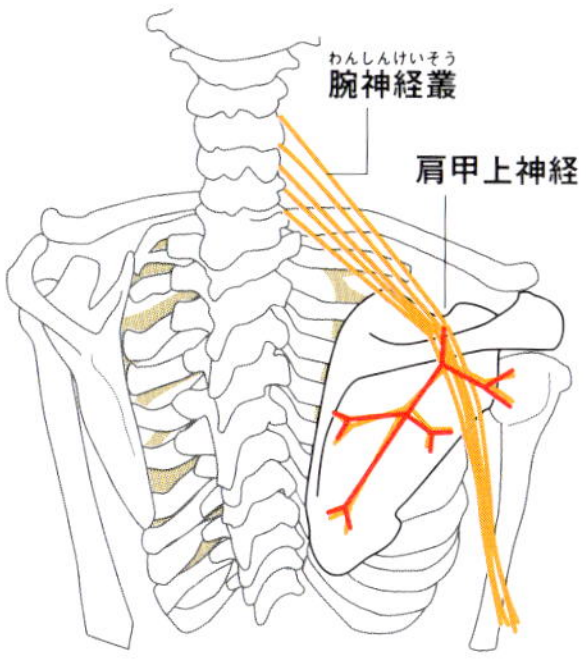

筋力アップで肩甲骨を保持

脊髄から分かれ、肩甲骨上部の骨のくぼみを通る神経を肩甲上神経と呼ぶ。この神経が肩甲骨に引っ張られることで炎症が起こる

KARTE 36

【腰、背中、首の痛み】

腕の倦怠感としびれ

お悩み

走り始めて
しばらくすると
腕がだるく
しびれを感じる
ようになりました。

診断

胸郭出口症候群《きょうかくでぐちしょうこうぐん》の可能性があります。ランニング中にこの症状が出たらスピードを緩め上下動の少ない走りに切り替えましょう。予防トレーニングとストレッチで様子を見てみましょう。

生命維持のために大切な臓器である、心臓や肺が収まるスペースを、「胸郭」といいます。この胸郭は、後方にある12個の胸椎、胸椎から左右に伸びている12本の肋骨、そして前方にある胸骨に囲まれ、ちょうど「鳥かご」のような構造をしています。

腕や手指に向かう血管は、心臓から出た大動脈から分かれて、第1肋骨に囲まれた隙間を通って、腕の方へと伸びていきます。第1肋骨を出るときに、鎖骨の下をくぐります。この、第1肋骨と鎖骨の間の狭いスペースを、「胸郭出口」といい、頸椎から出た神経の束もこのスペースを通っています。

なで肩の若い女性は元々鎖骨が下がっているため、このスペースが狭い傾向にあります。ここで、血管や神経が鎖骨と第一肋骨、周囲の筋肉などに圧迫され、腕の重だるさ、痛みやしびれ、冷感、脱力感といった症状が出るものを、「胸郭出口症候群」といいます。

腕を上げて後ろに反らすような姿勢、首を斜め後方に倒すような姿勢、また腕を後方に引っぱられたような状況で症状が強くなると、この病態だと診断されます。

上下運動によって、これらの血管や神経を、鎖骨が繰り返し圧迫することにより、ランニング中にこういった症状が誘発されたり、元々の症状が悪化したりすることがあります。この症状が出たら、スピードを緩め、上下動の少ない走り方に変えましょう。そして、肩の上げ下げをする運動や、肩をすくめて上腕を回旋させる運動をして、上肢へと流れる血流を改善してあげます。

胸郭出口症候群の仕組み

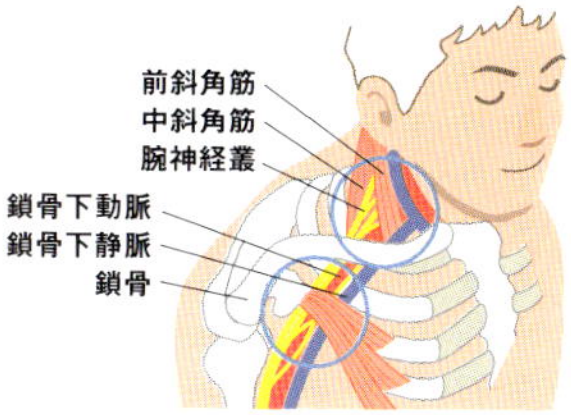

血管や神経の圧迫が原因

血管や神経が鎖骨や肋骨、周囲の筋肉などに圧迫され、ある種の動作を行うと、腕や肩のだるさなどの症状が出る

予防トレーニングとストレッチ

[ストレッチ]

肩甲骨周りのストレッチ

10kg程度の重さの負荷を持ち、両方の肩甲骨が近寄るように内側に動かす。ゆっくり呼吸しながら30～40秒キープし、1～3セット

ココに効く! 肩甲骨周りの筋肉

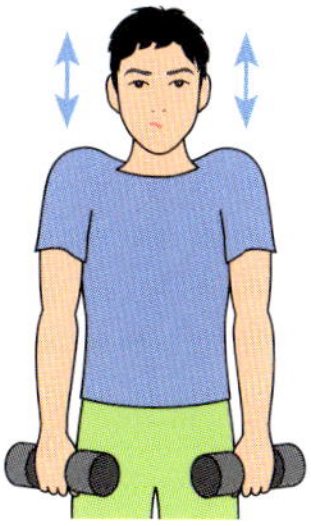

[トレーニング]

僧帽筋のトレーニング

両足を肩幅ぐらいに開いて立ち、ダンベルを持ってヒジを伸ばし、肩を上げ下げして僧帽筋を強化するトレーニング。3～10kgのダンベルや水の入ったペットボトルなどで、10～20回行う

ココに効く! 僧帽筋

COLUMN + 04

走り始めや、走っている最中に ワキ腹が痛くなる のはナゼ?

走り始めた直後や、走っている最中に、ワキ腹が痛くて走れなくなった、という経験は、誰もが一度や二度はしているもの。このワキ腹の痛みについては、現在でも諸説さまざまです。ただ、走り始めに起こる腹痛については、腸内のガスが、ワキ腹にある腸の曲がり角を通過できずに溜まってしまい、痛みを引き起す、という説が有力です。また、走り込んでいる最中に起こるワキ腹痛は、オーバー・ペースによる酸素不足で内臓に起こる痛みだという説も。いずれにせよ、ワキ腹痛が起きた時は、スピードを落とし、痛みが治まるのを待つのが一番です。

ウォーミングアップもしっかりと

実のところ、痛みのはっきりした原因はわかっていないのだが、ウォーミングアップがしっかりできていない場合にも、多くみられるような気が…

たい
あれこれ

いつでも
気持ちよく
走りたい！

巻末付録①

知っておきたい四季の

秋から冬が、いわゆるマラソンシーズンと言われるけれど、
季節にかかわらずいつでも気持ちよく走りたいもの。
とはいえ、気温も湿度もいろいろある日本では、
同じように走っていても体にかかる負担は環境で異なります。
季節に応じた走り方や気をつけるべきポイントを押さえて
春夏秋冬、充実した“ランニング・スタイル”を送ってください。

[SPRING]

春

やわらかな日差しに誘われて、カラダもココロもウキウキ気分。よ〜し、走るぞ！　と盛り上がってくる季節です。でも、春だからこそ注意したいこともあります。過換気症候群に花粉症、あなたは大丈夫ですか⁉

過換気症候群

— かかんきしょうこうぐん —

心理的な興奮が原因です！　ムダな緊張をせずリラックスを

過換気症候群は過呼吸《かこきゅう》症候群《しょうこうぐん》とも呼ばれ、文字通り呼吸を過剰にしてしまうことで出る症状です。若い女性に多い病気で、心理的興奮が最大の原因です。新たな職場や学校へ行くなど、環境の変わり目での興奮状態や、初めてレースに出場するなど、不安な状態の時に陥りやすい症状のため、春は要注意の時期。

この症状は心理的なストレスで呼吸中枢が過剰に刺激され、呼吸を過剰に繰り返してしまい、血中の二酸化炭素濃度が下がることで起こります。呼吸が乱れて苦しくなる、胸苦しさ、めまいがする、両手や指先や口の周りがしびれたような感覚が起きる、といった症状が現れ、中には倒れてしまう人もいます。

10分以上続く場合もありますが、決して命に関わることや後遺症が残ることはありませんので、パニックにならず落ち着きましょう。

応急処置の方法としては、紙袋を口にあて、自分が吐いた空気を再度吸い込むことを繰り返し、血中の二酸化炭素の濃度を上げる「ペーパーパック法」が有効です。2～3分後には呼吸も安定してきます。過換気症候群は、不安感や興奮状態などが原因で起こるものなので、普段からリラックスすることを心がけるようにしましょう。

慌てず自分の呼気で血中の二酸化炭素濃度を上げる

症状が起こったら紙袋を口に当て、自分が吐いた空気を再度吸い込む。これにより血中の二酸化炭素濃度を上げる

春

SPRING

花粉症《かふんしょう》

花粉の少ない早朝に走りましょう！

すでに花粉に苦しんでいる人も多いのでは？ 日本人は5～10人に一人がスギ花粉症ともいわれています。花粉症は特定の花粉が目に入ったり、鼻から吸い込まれることで起こるアレルギー症状のことです。

2月上旬から4月にかけて花粉を飛散させるスギ以外にも約60種類もの植物が、花粉症の原因になっており、夏や秋に発症する人もいます。かゆみ、充血、涙、くしゃみ、鼻水、鼻づまりなどが代表的な症状で、「呼吸がしづらくて苦しい」と

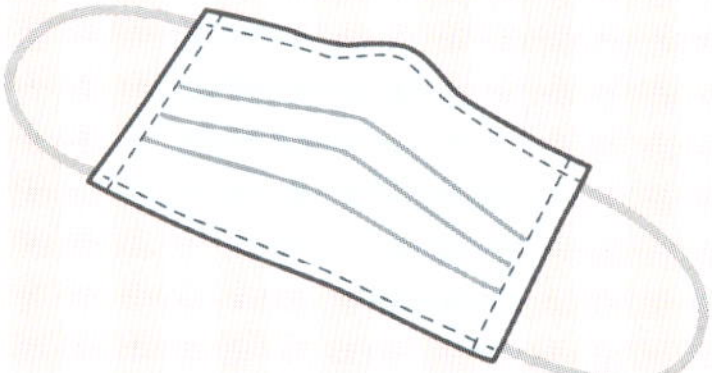

薬による予防も含め
走る時には万全の対策

マスクやメガネは当然だが、予防のため、早くから飲み薬を飲んでおくことも大事。ただし薬の中には眠気を引き起こすものもあるので注意しよう

いうランナーも少なくありません。

晴れて気温の高い日、空気が乾燥して風が強い日などは花粉が多く飛びまわっています。花粉情報をチェックして、花粉の多い日にランニングをするときは、花粉症用のマスクやメガネなどを装着して、万全の状態ででかけましょう。

ただし、せっかく外出時に注意を払っても、自宅の中に花粉を持ち込んでは意味がありません。室内に入る前に花粉対策スプレーなどで髪や衣服についた花粉を出来るだけ落とすことも大切です。

朝と夕方では朝の方が、街中に飛散している花粉の量も少ないので、ランニングを楽しむなら早朝がオススメです。レースなど、集中したい時は鼻内噴霧薬で一時的に症状を抑えることもできます。

気持ちよく走るためにも
装備だけでなく
専門医の受診を

[SUMMER]

夏

**日差しが強く、蒸暑い夏場のランニングには特に注意が必要です。

中でも、気をつけたいのがここで紹介する熱中症と日焼け。大事に至らないためにも、ケアを忘れないようにしましょう。**

熱中症《ねっちゅうしょう》

気温が31℃を超えたら要注意！

熱中症は重症度別に、熱けいれん、熱疲労、熱射病に分けられます。熱けいれんになると、足などの筋肉に痛みを伴ったけいれんが起こり、熱疲労では、脱力感、めまいなどの症状が出ます。これらの主な原因は、多量の発汗です。カリウムやナトリウムなどの電解質を含んだ水分（スポーツ・ドリンクなど）をこまめに摂取しましょう。気温が高い日は15～30分ごとに給水をして下さい。

熱けいれんや熱疲労の段階で対処できれば、死亡事故につながる恐れは少ないのですが、体温が40℃を超え、脳障害の症状がみられたら、熱射病に至っていると判断して下さい。

熱中症は死亡率が高く、注意が必要です。患者を見つけたら、涼しい場所に寝かせ、大きな血管が体表近くを通っている部位を冷やし、体温を下げる処置を施すのと同時に、救急車を要請しましょう。

尚、気温が31℃以上の日は、屋外での運動は避けるのが無難です。

クーリングを行なう部位

首、ワキ、脚のつけ根などを氷のうで冷やす。
その際は手先など末端部分が冷たくなるほどの
冷やしすぎには注意

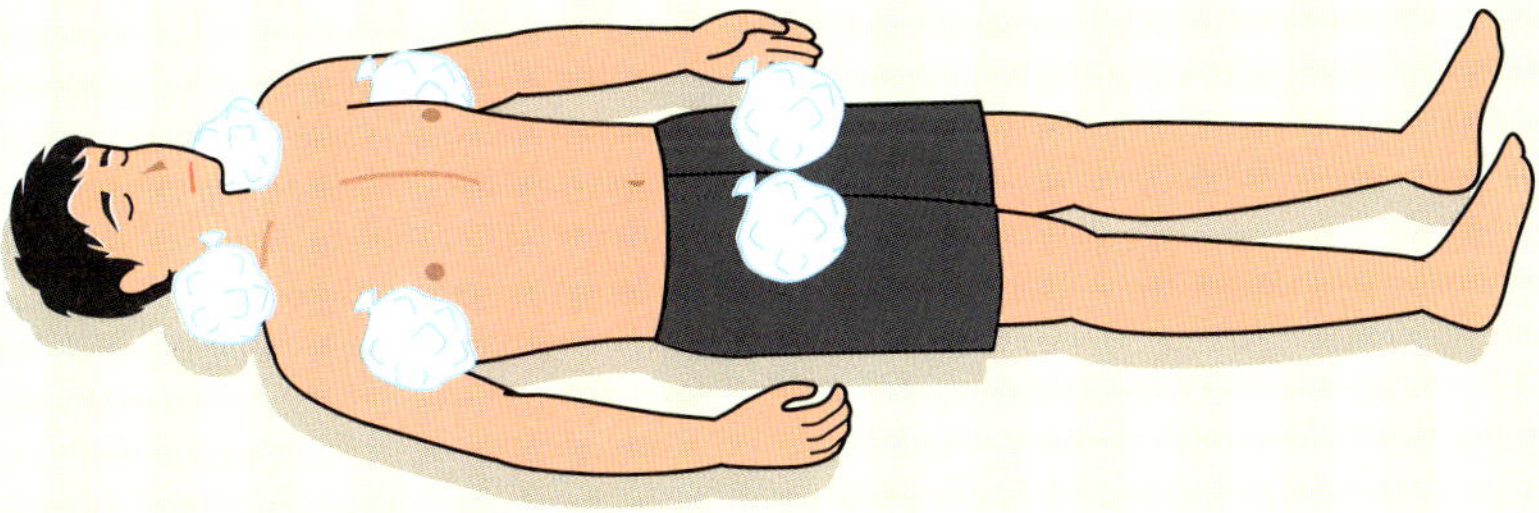

夏

SUMMER

日焼け《ひやけ》

たかが日焼けと侮るなかれ！

日焼けが人体に与える悪影響は、皮膚が赤くなったり、水ぶくれになるのはもちろん、慢性障害として、シミ、シワ、さらには皮膚がんを引き起こす危険などがあります。

夏場のランニングでは、必ず帽子を着用しましょう。また、目の日焼け防止のためにサングラスの使用をオススメします。

顔や首、腕など、皮膚を露出する部位には、日焼け止めを塗っておくといいでしょう。うなじや耳たぶ、胸や手の甲は、塗るのを忘れてしまいがちなので注意して下さい。

また、汗で濡れたり、顔をこすったりすると、日焼け止めが取れてしまうこともあるので、こまめに塗り直すようにします。

それでも日焼けをしてしまった場合は、まずは肌のほてりをしずめなくてはいけません。冷たいタオルなどで肌をやさしく冷やし、ヒリつきが落ち着いたら保湿液などを使って、たっぷり水分補給することで対処しましょう。

©ウェザーニューズ

紫外線指数を
ホームページでチェック!

webサイトなどで公開されている、紫外線指数も参考にするといいだろう

紫外線情報 ▸▸
http://mws.wni.co.jp/cww/docs/uv/

［AUTUMN］

秋

涼しい風が心地よい秋は、絶好のランニングシーズンです。ただし、トレーニングのしすぎには注意しましょう！ せっかくのシーズンが台無しになってしまいます。

オーバー・トレーニング症候群《おーばーとれーにんぐしょうこうぐん》

過剰な走り込みはＮＧです！

涼しくなると自然と走る距離も延びてきますが、マラソン大会などを目標に過剰なトレーニングを続けると、慢性的な疲労が原因で調子を落とす「オーバー・トレーニング症候群」に陥る危険性があります。頭痛や腹痛、息切れがしたり、風邪を引きやすくなったり、メンタル的に落ち込むこともあります。ひどくなると、うつ病に似た症状が現れることも。

原因としては、過剰なトレーニングなどで肉体的、精神的にストレスを感じて、ホルモンのバランスが崩れるためと考えられています。

体温の上昇や、心拍数の増加は「オーバー・トレーニング」の兆候の一つです。毎朝、体温や心拍数を計る習慣をつけて、自分の体調を客観的に知ることで未然に防ぐことができます。

また、休養もトレーニングの一つです。肉体的には

もちろんですが、精神的に疲労を感じる時は無理をしないで、休養をしっかり取るように心掛けましょう。

レベルアップには休養も必要です

それぞれの走力やレベルに応じたトレーニングの積み重ねが、ベースアップにつながる。休養も計画的に入れるように心がけよう

秋

AUTUMN

スポーツ貧血

— スポーツひんけつ —

運動で失った鉄分を取り戻しましょう！

秋に入ってもまだ夏バテ気味で顔色が悪く、運動をするとめまいがする、というような人は「スポーツ貧血」かもしれません。

ランナーの貧血は主に、汗で鉄分が体外に出てしまうことで起こる「鉄欠乏性貧血」と、硬いアスファルトの道をクッション性のないシューズで走り続けたために、足底の血管が押しつぶされ、赤血球が破壊される「溶血性貧血」が上げられます。

鉄分が血液中に不足すると、酸素を筋肉などの組織に運べなくなり、運動能力が低下します。特に女性は月経と重なるとスポーツ貧血を起こしやすい状態になります。

予防として、食事から鉄分を十分に補給しましょう。鉄分の多い食品として、ほうれん草、納豆、ひじき、しじみなどが有名ですが、魚や肉に含まれる「ヘム鉄」も腸での吸収率が高いのでオススメです。

また、レモンなどに合まれるビタミンCは鉄を吸収しやすい形に変えてくれるので、同時に食べると、吸収効率がよくなります。反対にコーヒーや緑茶などに含まれるタンニンは、鉄分の吸収を阻害することも覚えておきましょう。

レバー
あゆ
ヘム鉄
煮干し
鶏肉
ほうれん草
納豆
非ヘム鉄
ひじき
しじみ

[WINTER]

冬

寒さが厳しくなってくると、関節や筋肉が硬く萎縮気味になるために、思わぬケガもしやすくなります。また、部屋と外気の温度差が大きいため、体調も崩しやすくなるので、冬のランニングは寒さ対策を万全にしておこないましょう。

こむらがえり

— こむらがえり —

夏よりも起こりやすいので要注意!

「こむらがえり」とは、ふくらはぎの筋肉のけいれんのこと。筋肉の成分であるコラーゲンは、温かいと伸び、寒いと縮む性質を持っているため、寒冷下では筋肉の柔軟性が低くなり、こむらがえりが起こりやすくなります。

温かい部屋から外に出る時など、気温の急激な変化には注意が必要です。ウォーミング・アップやストレッチを十分に行ってから、走るようにしましょう。

肉離れ
—にくばなれ—

ストレッチではなく、RICE処置を！

前述のこむらがえりの症状と同様に、寒いと筋肉が伸縮性を失って、組織の一部が切れる「肉離れ」を起こしやすくなります。走る前のウォーミング・アップやストレッチが予防には最適です。

もし肉離れを起こしてしまったら、ストレッチは厳禁。まずは安静（Rest）にし、患部を冷却（Icing）して圧迫（Compression）。それから患部を心臓よりも高い位置に上げる挙上（Elevation）、という応急処置を施しましょう。ちなみに、応急処置についてはP144～153で詳しく紹介しているので、参考にしてみてください。

寒い時期には
運動前のアップ&
ストレッチを
十分行いましょう

冬

WINTER

スポーツ突然死

—すぽーつとつぜんし—

体調が悪いときは走らない!

寒冷下での運動では突然死を引き起こす危険性もあります。最も多い原因は心臓疾患です。寒さのために全身がこわばり、血圧が高くなると、心臓への負担も大きくなります。マラソン大会のスタート直後やゴール直後にランナーが亡くなることも少なくありません。

年に1度はメディカル・チェックを行い、異常を早期に発見するのが対策です。

体調が優れない時は、無理に走らないことも大切。特にレースではつい頑張りすぎてしまいますが、体調がよくない時は棄権する勇気をもちましょう。

年に1度は
メディカル・チェックを!
異常の早期発見を
心がけよう

気管支喘息

— きかんしぜんそく —

空気の乾燥には要注意！

熱が出ていないのに、息苦しく、体調が悪いという人は気管支ぜん息かもしれません。気管支内の筋肉がけいれんするように収縮し、気管支の内側の粘膜がアレルギー性炎症によりむくんで、呼吸困難を生じるものです。

ハウス・ダストやタバコの煙などが原因で起こることが多いのですが、トレーニングのストレスが原因になったり、湿度が低く、気道が乾燥することで発症しやすくなる冬独特の症状もあります。心当たりがある人は、内科を受診することをオススメします。くれぐれも、無理はしないように。

巻末付録②

いざという時のために知っておきたい応急処置《RICE》の基本

(FIRST-AID)

体の組織が損傷を受けると、
必ず組織中の血管の損傷を伴うため
その周囲には出血が起こります。
血管外に漏れ出した血液成分は、末梢神経などの
組織に対する刺激として働き
「炎症」を引き起こすことになります。

ここで言う炎症とは「発熱」「腫脹《しゅちょう》(腫れ)」
「発赤《ほっせき》」「疼痛《とうつう》」「機能障害」という5つの基本症状のこと。
ここではこれらに対する応急処置の原則を紹介しましょう。
スポーツ指導者の間では常識ともいえる
「安静(固定):Rest」「冷却:Icing」
「圧迫:Compression」「拳上《けんじょう》:Elevation」の4つ。
それぞれの頭文字をとって
「RICE」と呼ばれています。

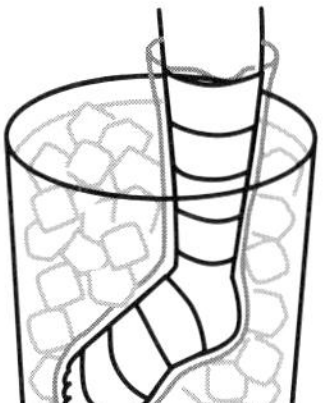

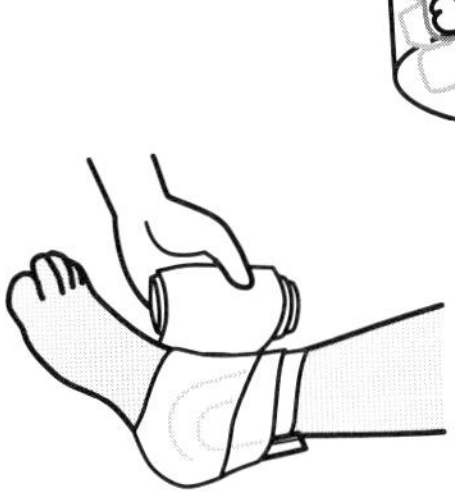

(REST)

安静（固定）

まずは患部の安静（固定）を

「R」とは「Rest」、つまり安静です。まずは患部の安静（固定）を確保することが必要になります。

ケガをした人を、いつまでも寝かせているわけにはいきません。病院に搬送しなければならないようなら、患部を固定することも必要になります。

骨折が疑われるような場合、そこに働く力は、骨の位置関係を崩す方向に働き、痛みや出血などの症状を増大させます。また、骨の周りには筋肉があるので、完全な骨折を起こしてしまうと、筋肉の収縮によって骨がずれてしまいます。この場合、上下の関節が動かないように、添え木、三角巾、テーピンクなどで固定するのが原則です。

また、関節の脱臼を整復した後や、靭帯を損傷した場合には、その関節が動かないように、添え木を当てて上下の骨を固定します。

腫れが引いたら、ギブスで固定しますが、まだ腫れが進行する可能性があるときには、全周を取り囲むようなギブスをしない方がいいでしょう。

「安静(固定):Rest」の例

ヒザ関節の損傷

ヒザ関節の損傷では、上下の骨、この場合「大腿骨」と「下腿骨(脛骨と腓骨)」を固定する

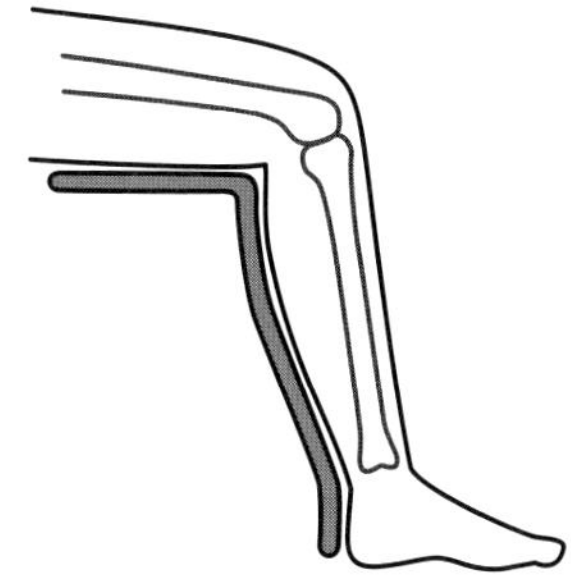

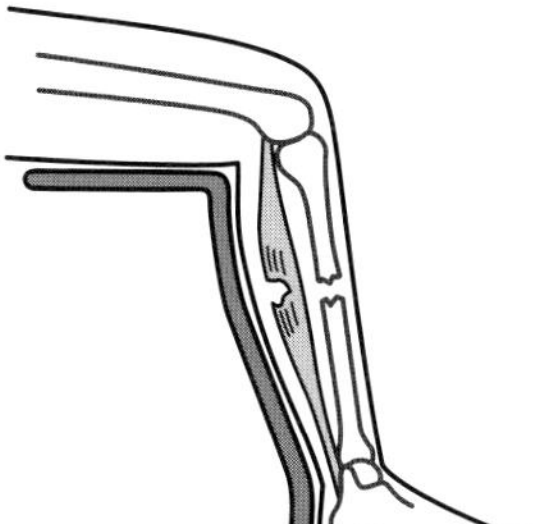

下腿の骨折、筋の損傷

下腿の骨折や筋の損傷では、上下の関節、この場合「ヒザ関節」と「足関節」を固定する

(ICING)

アイシング

受傷直後のアイシングで復帰までの期間が半減する!?

「I」は「Ice」あるいは「icing」、すなわち冷却です。

アイシングには、血管を収縮させて内出血を抑えるという意味と、炎症物質が発生することにより生じる疼痛を、少しでも軽減させてやるという意味があります。ねんざなどで、受傷直後にアイシングをするかしないかで、スポーツ復帰までに要する期間が半減、あるいは、1/3になるという報告もあります。

アイシングを行う際には、水と氷を入れたビニール袋を用います。また、たとえば足や手などでは、固定(Rest)をしてビニール袋で包み、そのまま氷を入れたバケツに突っ込むなどという方法も有効です。

どのくらい続ければいいかということですが、この場合、時間よりも本人の感覚を重視します。氷で冷やされると、まず「ジーン」とした痛みを感じます。次に、「ポッ、ポッ」とするような温かい感じが生じます。次に、針で刺されるような、「ピリピリ」した感じが生じます。それらを通り越すと、感覚がなくなる段階に入ります。

個人差がありますが、こ

の感覚鈍麻の状態に到達するまで、約20分を要します。この段階に至るまで冷やしたら、あるいは20分を経過したら、いったん冷却を中断して、どの部位に障害があるかを確認します。

再び痛みが生じたら、あるいは約60分が経過したら、今度は少し長めに30分間冷却します。以後はそれを、できれば就寝までの間、繰り返します。

注意してほしいのは、冷やしすぎによる「凍傷」です。冷凍庫から出してすぐの氷は、ときには零下20度になる場合もあります。そのような氷を用いると、凍傷を起こす可能性があります。

氷と水を混ぜて使えば、その温度は必ず零度なので、凍傷になることはないので安心です。

● 代表的なアイシングの例 ●

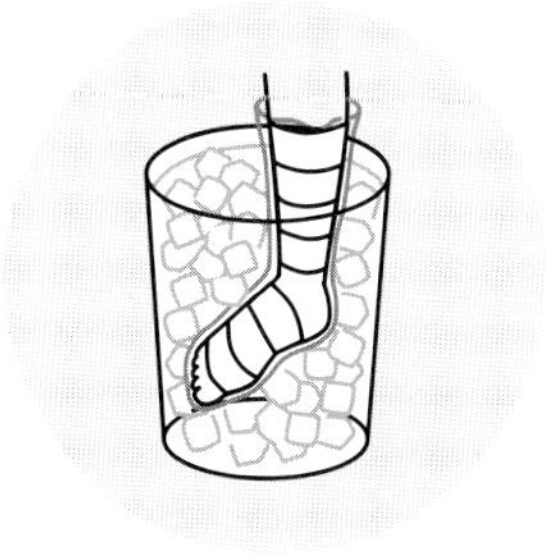

部位によっては手っ取り早く効果も高い

足関節や手首などのアイシングの場合、手っ取り早く効果も高いのが、この方法。固定処置を終え、ビニール袋などで覆いそのまま沈めてしまう

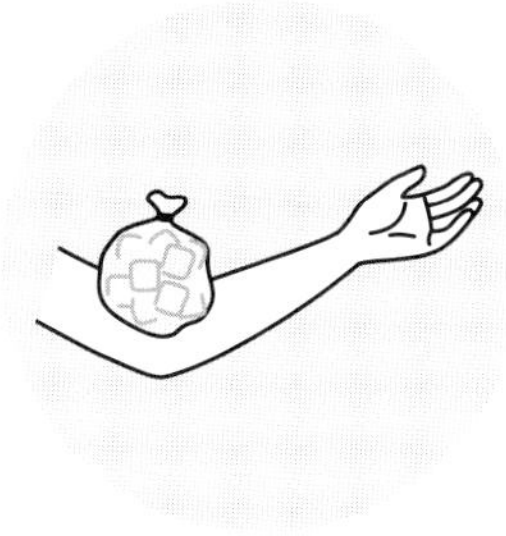

凍傷を防ぐために必ず氷水を使うこと!

オーソドックスなアイシング。ビニール袋に氷だけでなく、必ず水も入れ、口を閉じる。面倒でも、繰り返し冷やすことが大切だ

アイシングに便利なアイテムとアイスマッサージ

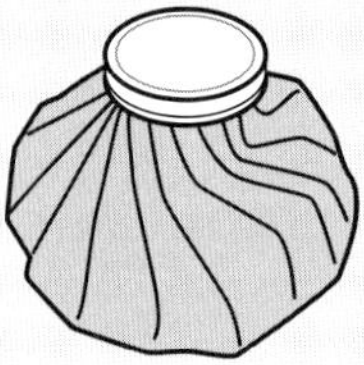

こんなアイテムもひとつあると便利

アイシング用の氷嚢も、ひとつあると便利。繰り返し使うことができ、キャップで密閉できる。メーカーによって、サイズ、機能もいろいろとある

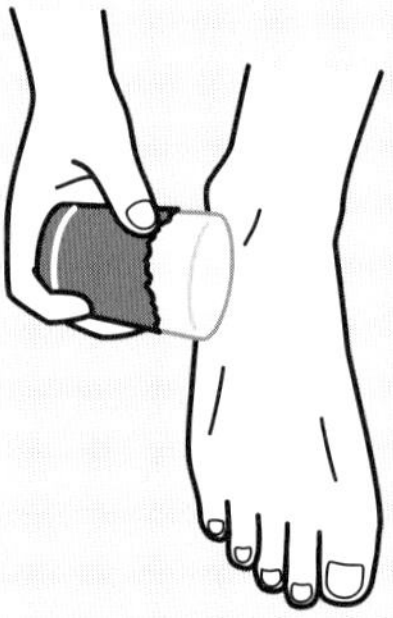

紙コップを使ったアイスマッサージ

紙コップに水を半分ほど入れ、冷凍庫で凍らせる。完全に凍ったら、氷が数cm露出するようにコップを剥いてしまう。氷面を患部に当て、円を描くようにマッサージ。この時、強く抑えるのではなく、あくまでも氷の重さが乗る程度でOK。紙コップ半分程度の氷なら、ちょうど15〜20分程度でなくなる。走り込みが増える時期、また夏場の疲労感が強いときなどにも効果的

(COMPRESSION)

圧迫

↓

受傷後1～3日をめどに圧迫

「C」は「Compression」、圧迫です。弾力性のある包帯を巻いて、損傷を受けた部位を圧迫します。

これも冷却と同じように、内出血の進行を少しでも防止する意味があります。また、ねんざや肉離れの場合、断裂した靭帯や筋肉を押さえ込むことで、断端と断端とを近くに寄せ、履痕《りこん》組織の形成を少しでも減らすという意味もあるようです。

損傷部位からの出血が止まり、腫脹《しゅちょう》の進行が止まるまで、受傷後1～3日ぐらいの間、圧迫を継続しましょう。

足関節の圧迫例

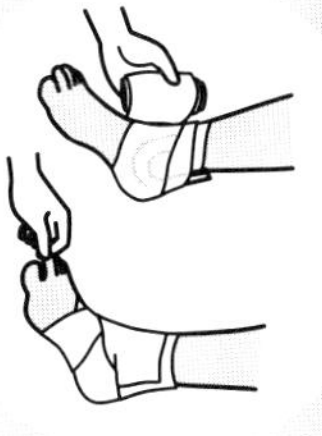

必要に応じてパッドで圧迫しながら巻く

弾性包帯(伸縮包帯)やテーピングなどで、患部を圧迫しながら巻く。足首のねんざなどでは、パッドを圧迫したい部分の形に切り患部にあてて、その上から包帯で巻く方法も用いられる。圧迫している部位から先の手や足の指など、色や感覚を常にチェックするように

(ELEVATION)

挙上

患部を心臓よりも高く上げ内出血と腫脹を抑制する

最後の「E」は「Elevation」、挙上《けんじょう》です。患部を心臓より高い位置に上げて、損傷を受けた部位からの出血が、いつまでも患部にとどまっていないようにします。挙上には、圧迫と同じで血腫の拡大を抑える意味があります。

挙上も圧迫同様、損傷部位からの内出血が止まり、腫脹の進行が止まるまで、受傷後1〜3日ぐらいの間、継続します。

上肢の場合には、三角巾を使ったり、胸の前に抱えるようにして、心臓より高い位置を保ちましょう。

下肢の場合は、立ったり歩いたりするのを必要最小限に控え、できるだけ横になる時間を長くするように心がけます。その際、大きめの枕や丸めた布団の上に下肢を置いて、損傷を受けた部位を心臓より高い位置に保つようにするといいでしょう。

・上肢及び下肢の挙上例・

上肢は三角巾を使うなどして心臓の位置に患部を近づける

安静(固定)という意味もあるが、上肢を受傷した場合は、三角巾を使うなどして挙上すると便利。胸の前に抱えるように

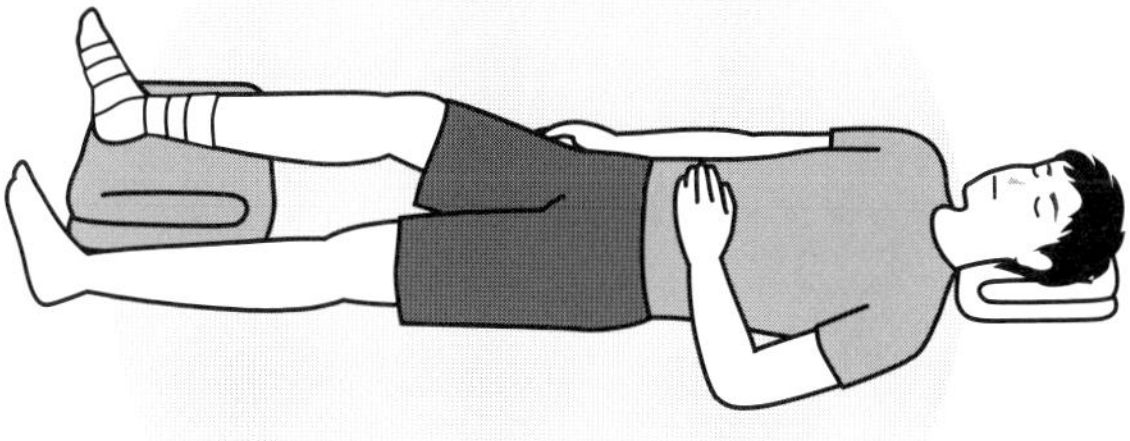

丸めた布団やイスなどでとにかく患部を高い位置に

下肢の場合は、極力横になった状態を維持しつつ、患部をできるだけ自分の心臓より高い位置に持ち上げる。内出血を防ぎ、痛みも緩和されるはずだ

✚ 病名・部位名で引く ✚

KEYWORD INDEX

あ行

アイシング【あいしんぐ】 P148
アイスマッサージ【あいすまっさーじ】 P150
アキレス腱【あきれすけん】 P082
アキレス腱の断裂【あきれすけんのだんれつ】 P084
圧迫【あっぱく】 P151
安静(固定)【あんせい(こてい)】 P146
羽状筋【うじょうきん】 P009
ELEVATION【えれべーしょん】 P152
応急処置【おうきゅうしょち】 P144
オーバー・トレーニング症候群【おーばーとれーにんぐしょうこうぐん】 P136

か行

回旋筋【かいせんきん】 P009
外転筋【がいてんきん】 P009
外反母趾【がいはんぼし】 P027、038
過換気症候群【かかんきしょうこうぐん】 P128
過呼吸症候群【かこきゅうしょうこうぐん】 P128
鵞足【がそく】 P061
鵞足炎【がそくえん】 P060
下腿三頭筋【かたいさんとうきん】 P085
滑液包【かつえきほう】 P093
滑膜【かつまく】 P059
花粉症【かふんしょう】 P130
陥入爪【かんにゅうそう】 P032
気管支喘息【きかんしぜんそく】 P143
ギックリ腰【ぎっくりごし】 P115

拮抗筋【きっこうきん】 P009
胸郭【きょうかく】 P123
胸郭出口症候群【きょうかくでぐちしょうこうぐん】 P122
共同筋【きょうどうきん】 P009
鋸筋【きょきん】 P009
筋筋膜性腰痛症【きんきんまくせいようつうしょう】 P114
屈筋【くっきん】 P009
脛骨【けいこつ】 P055、075
脛骨過労性骨膜炎【けいこつかろうせいこつまくえん】 P075
頸椎【けいつい】 P116
頸椎症性神経根症【けいついしょうせいしんけいこんしょう】 P117
肩甲骨【けんこうこつ】 P120
肩甲上神経【けんこうじょうしんけい】 P121
挙上【けんじょう】 P152
腱鞘炎【けんしょうえん】 P036
後脛骨筋【こうけいこつきん】 P037、075
股関節痛【こかんせつつう】 P091
骨格筋【こっかくきん】 P008
骨棘【こっきょく】 P107
こむらがえり【こむらがえり】 P078、140
コンパートメント症候群【こんぱーとめんとしょうこうぐん】 P080
COMPRESSION【こんぷれっしょん】 P151

か行

鎖骨【さこつ】 P123
坐骨神経痛【ざこつしんけいつう】 P107
三頭筋【さんとうきん】 P009
膝蓋骨【しつがいこつ】 P055、057
膝蓋靭帯【しつがいじんたい】 P054
膝蓋靭帯炎【しつがいじんたいえん】 P055
膝蓋軟骨軟化症【しつがいなんこつなんかしょう】 P056
種子骨【しゅしこつ】 P040
踵骨【しょうこつ】 P029、085

さ行

さ行

上前腸骨棘【じょうぜんちょうこつきょく】 P087
上前腸骨棘剥離骨折【じょうぜんちょうこつきょくはくりこっせつ】 P086
伸筋【しんきん】 P009
シンスプリント【しんすぷりんと】 P075
靭帯断裂【じんたいだんれつ】 P018
髄核【ずいかく】 P111
スポーツ突然死【すぽーつとつぜんし】 P142
スポーツ貧血【すぽーつひんけつ】 P138
脊柱管狭窄症【せきちゅうかんきょうさくしょう】 P107、112
脊柱起立筋【せきちゅうきりつきん】 P115
先天性股関節脱臼【せんてんせいこかんせつだっきゅう】 P095
爪下血腫【そうかけっしゅ】 P030
僧帽筋【そうぼうきん】 P120
足底腱膜【そくていけんまく】 P023
足底腱膜炎【そくていけんまくえん】 P022、029

た行

第一中足骨種子骨障害【だいいちちゅうそくこつしゅしこつしょうがい】 P041
大腿筋膜張筋【だいたいきんまくちょうきん】 P087
大腿四頭筋【だいたいしとうきん】 P055、089
大転子【だいてんし】 P093
大転子部滑液包炎【だいてんしぶかつえきほうえん】 P092
タナ障害【たなしょうがい】 P058
多腹筋【たふくきん】 P009
恥骨疲労骨折【ちこつひろうこっせつ】 P096
中足骨【ちゅうそくこつ】 P027
中足骨疲労骨折【ちゅそくこつひろうこっせつ】 P026
腸脛靭帯【ちょうけいじんたい】 P061、093
腸脛靭帯炎【ちょうけいじんたいえん】 P060
椎間板【ついかんばん】 P107、111、113、117
椎間板ヘルニア【ヘルニアついかんばんへるにあ】 P110、113
椎弓【ついきゅう】 P109

た行

椎骨【ついこつ】 P107、111、113
痛風【つうふう】 P044
鉄欠乏性貧血【てつけつぼうせいひんけつ】 P138

な行

内転筋【ないてんきん】 P009、097
肉離れ【にくばなれ】 P079、141
二頭筋【にとうきん】 P009
熱中症【ねっちゅうしょう】 P132

は行

ハムストリング【はむすとりんぐ】 P088
半羽状筋【はんうじょうきん】 P009
腓骨筋【ひこつきん】 P035
腓骨筋腱【ひこつきんけん】 P035
腓骨筋腱炎【ひこつきんけんえん】 P034
日焼け【ひやけ】 P134
変形性股関節症【へんけいせいこかんせつしょう】 P094
変形性ヒザ関節症【へんけいせいひざかんせつしょう】 P064
変形性腰椎症【へんけいせいようついしょう】 P106
紡錘筋【ぼうすいきん】 P009

ま・や・ら行

モルトン病【もるとんびょう】 P042
溶血性貧血【ようけつせいひんけつ】 P138
腰椎【ようつい】 P107、109、110、115
腰椎すべり症【ようついすべりしょう】 P109
腰椎分離症【ようついぶんりしょう】 P108
四頭筋【よんとうきん】 P009
REST【れすと】 P146

for tasty life

ドクター小山の
ランニング✴クリニック

著者　小山 郁

2010年2月28日　第一版第一刷発行
発行人　角 謙二
発行・発売　株式会社枻(えい)出版社
〒158-0096
東京都世田谷区玉川台2-13-2
販売部　TEL 03-3708-5181
印刷・製本　三共グラフィック株式会社

ISBN978-4-7779-1568-2